이쯤에 와서

| 시인의 말 |

## 시집 『이쯤에 와서』를 내면서

   필자는 수필로 먼저 등단했다. 수필을 잘 쓰려면 시 공부도 해야 한다고 해서 시문학아카데미 강의를 듣고 시를 쓰게 됐다.

   필자는 『잘살고 잘늙고 잘죽기』라는 자가계발서와 『인생은 도전과 응전이더라』는 수필집 두 권을 출간했고 시집은 이번이 처음이다.

   여러 시인들로부터 시집을 받고 읽고 쓰고 생각하면서 나름 많이 배웠다. 나도 시집으로 보답하고자 한다.

   아직은 부족한 점이 많지만 공부하는 차원에서 습작한 200여 편 시 중 100편을 선정해서 책 제목을 『이쯤에 와서』로 정해 출간하게 되었다.

   첫 시집을 내는 소감은 설레면서도 한편 두렵기도 하다.

   이번 출간하는 시집 『이쯤에 와서』는 시 문학 공부하며 합평하던 중 교수님께서 시집 제목으로 쓰면 좋겠다 하여 숨겨 두었다 꺼냈다.

시집에는 제1부 "당신을 느낍니다" 주로 대인관계 또는 보고 느낀 것 20편을 실었고, 제2부 "세월 가니 바뀌더라"는 자연의 변화 또는 사는 것이 버거울 때 사례나 극복한 일들을 21편 엮었다.

제3부 "나들이 효과"는 짧고 긴 나들이를 하고 나면 심신에 힐링을 가져오더라는 경험을 19편 썼다.

제4부 "순리"는 봄이 지나고 바로 겨울이 오지 않듯이 조바심 낸다고 뿌리에서 바로 꽃 피우지 않는다. 라는 논리에 접근하며 30편을 실었다.

제5부 "시사"는 민감한 사안이라 시집에서는 꺼리지만 정치 사회등 공감할 수 있는 내용들을 모아 시로 표현해 보았다.

수필집에 시사란을 넣었더니 반응이 좋아 여기도 몇 편 실어 보았다.

시인은 등단 수상 소감에서 어렵고 난해한 시보다 사람 냄새나는 시, 현장감이 묻어나는 체험 시를 써 보겠다고 했다. 그러다 보니 서사시적 형태가 가미된 부분도 있음을 인정한다.

2023년 한국예술인복지재단 원로 예술인으로 선정되고 2024년 예술인 창작지원금 신청하여 지원금 선정자로 지원받아 이 시집을 발간하는데 큰 도움이 되었다.

인생 3모작을 시작하면서 처음 내놓는 시집에 떨리는 마음으로 독자들을 맞을까 합니다.

이 시집을 내기까지 도움 주신 모든 분들에게 고마움을 표합니다.

2024년 가을에
미아역 앞 한고당(閑顧堂)에서
시인 수필가 裕泉 安鍾萬

| 추천사 |

## 인생을 다시 한번 뒤돌아보게 하는 노익장의 환호!

임 수 홍
한국문학신문 발행인

 갑진년(甲辰年) 푸른 용의 해를 마무리하는 시점에서 인생 후반기를 살아가고 있는 안종만 시인이 작년 11월 동북일보에 연재한 칼럼과 수필들을 모아 수필집 『인생은 도전과 응전이더라』를 펴낸 지 1년 만에 첫 시집 『이쯤에 와서』를 펴낸다.
 안종만 시인은 그동안 세상을 살아오면서 삶의 이력들이 보통 사람과는 판이하게 다르다. 젊은 시절부터 전국도시개발조합연합회 회장을 연임하였으며, 국민생활체육 전국등산연합회 제2대 회장을 역임하는 등 늘 리더의 위치에서 전체를 큰 잡음 없이 이끌었을 정도로 리더십을 발휘하였을 뿐만 아니라, 요즘은 순흥안씨 탐진군파대종회 회장 및 순흥안씨 대종회 부회장을 맡아 종친들을 위해 열심히 봉사하고 있다.

또한 (사)한국국보문인협회 국보산악회 회장을 맡아 매월 한 번씩 트래킹을 이끌고 있으며, 시니어 월드포럼 회장과 삼각산포럼 명예회장으로 동분서주하고 있다.

이번 첫 시집 『이쯤에 와서』는 5부로 제1부 당신을 느낍니다, 제2부 세월 가니 바뀌더라, 제3부 나들이의 효과, 제4부 순리, 제5부 시사(時事)시로 구성되었다.

80대를 넘어가면서 인생을 관조하는 따뜻한 시선으로 그동안 살아온 삶의 희·노·애·락을 노래하였다. 누구나 쉽게 경험하지 하지 못한 많은 것들을 후배들에게 '삶이란 이런 거다'라고 조언과 함께 안내를 해주는 지침서 같다.

안종만 시인은 왕성한 사회 활동뿐만 아니라 예술과 문학 방면에서도 탁월하게 정중앙의 위치를 지키고 있다.

(사)한국예술문화복지사총연합회 문학대상과 (사)한국국보문인협회 작가대상 및 제13회 우주友酎문학상 수상과 제20회 기행문학상 우수상 수상 등 후배문인들의 모범이 되는 문학적 성취감을 이어나가고 있다.

한 해를 마무리하면서 안종만 시인의 첫 시집 『이쯤에 와서』는 앞으로 100세 시대를 살아가는 우리 모두에게 '인생을 어떻게 살아가야 하나?'를 성찰할 수 있는 기회가 될 수 있는 책이기에 자신있게 추천한다.

/ 차례 /

시인의 말　　/ 3
추천사　　　/ 6

## 제1부  당신을 느낍니다.

간절히 원하면　　/ 16

고운정 미운정　　/ 17

오늘은 술이 너무 달다　　/ 18

기대고 사는 인연　　/ 19

부모님 생각　　/ 20

노염老炎　　/ 22

3월 초순 서울 숲　　/ 23

독락獨樂　　/ 24

노신사　　/ 25

고향에 오고 싶은 이유　　/ 26

당신을 느낍니다.　　/ 27

해물 뚝배기　　/ 28

게으름의 산물　　/ 30

꽃 놀이　　/ 31

적응이란?　　/ 32

기분 좋은 사람　　/ 33

아프냐?　　/ 34

편한 친구　　/ 35

나의 어머니　　/ 36

그리움은 느끼는 것　　/ 38

## 제2부 세월가니 바뀌더라

사는 것이 버거울 땐 / 42

고르고 고른다 / 43

아내 / 44

百忍堂中 有泰和 백인당중 유태화 / 46

그리움 / 47

맛 집 / 48

세월 가니 바뀌더라 / 49

불면의 산물 / 50

가을 실종 / 51

어렵더라 / 52

살아보니 / 53

나에게 집이란 / 54

잊혀진 사람 / 55

부부 일생 / 56

부모 노릇 / 58

내가 없다면 / 59

세월이 오네요 / 60

어찌 할까? / 61

남포동에 오는 이유 / 62

부부 건망증 / 64

이쯤에 와서 / 66

/ 차례 /

## 제3부 나들이의 효과

나들이의 효과 / 70

만해 한용운 / 71

시와 숲길공원 단상 / 72

고모리 저수지 호수공원 / 74

등산登山과 입산入山 / 75

목포에 가면 / 76

노들공원 / 77

경주 교촌마을 / 78

명절 귀향 / 80

여수 야경 / 81

해동용궁사 / 82

와송정(와송정사) / 83

일출 맞이 / 84

여름 산행 / 85

여행은 / 86

소쇄원과 대나무 / 88

1004(천사)섬 / 90

귀가 / 91

## 제4부 순리

생각나는 사람　 / 94

메시지 온도　 / 95

나의 아버지　 / 96

내 고향 구산龜山　 / 98

이슬의 기능　 / 99

시비 입석　 / 100

오월은!　 / 102

안개의 일생　 / 104

낙엽　 / 105

삼각산　 / 106

나무의 순응　 / 107

사계절　 / 108

파 도　 / 109

입춘방 문해立春榜 文解　 / 110

북한산 스카이라인　 / 111

첫 눈　 / 112

노 송　 / 113

미세먼지　 / 114

비 오는 날　 / 115

낮 잠　 / 116

섣달 그믐 밤　 / 117

/ 차례 /

## 제4부 순리

미혼 자식　/ 118

좋은 나이　/ 119

노년예찬老年禮讚　/ 120

몸부림(시조)　/ 121

순리順理　/ 122

설화舌禍 (시조)　/ 123

인생 일흔에　/ 124

정월 대보름　/ 126

벌써 여기까지　/ 128

## 제5부  시사(時事) 시

국위와 정치      / 132

통일 서둘 것 없다.      / 134

네거티브      / 135

적폐라는 것      / 136

대국은 대국 다워야      / 138

불편한 세상      / 140

자유는 공짜가 아니다      / 141

독립문 역사      / 142

핵核이라는 것      / 144

한국 땅 탐내지 마라.      / 146


시집해설_           / 147
체험과 상상력으로 빚은 서정시의 금자탑
- 김 전 (시인, 문학평론가)

# 제1부

## 당신을 느낍니다.

사람이 살다보면 혼자서 살기 어렵습니다.
서로 보듬고 사랑하며 정도 나누고 살아야지요.
당신 숨결의 온기가 바람을 타고 그리움 싣고 오네요

# 간절히 원하면

간절함은 인간의 의지와 희망
바라는 바를 이루는 원동력
세상을 지배한 자 간절히 원해서 얻었다

세상을 지배하다 실패한 자
상대의 간절함에 못 미친 것
하늘이 응답하지 않은 소이所以다

씨앗을 뿌리는 열정 없이 열매 맺나
비가 오나 눈이 오나 바람이 부나 맑은 날도
오로지 간절히 원함은 성공을 위한 기도

꽃나무의 간절함은 꽃을 피우는 것이고
그 꽃의 간절함은 열매 맺는 것
나의 간절함은 인간으로 성숙하는 삶이다.

국보문학 동인문집 내 마음의 숲 제33호 2022년 5월 게재

# 고운정 미운정

고운 정은 사랑을 안고 오고
미운 정은 증오를 같이하지만
서로의 상처를 어루만지면서
사랑은 애증으로 익어간다.

사랑과 증오가 없으면
그리움이라는 애틋함도 없는 것
안 보면 보고 싶고 보면 시들해
함께할 땐 사랑의 온도를 모른다.

살다 보면 이기심이 작아지고
이타심이 커지는 날 올 수도 있지
미움이 더 쌓여가기 전에
이해와 용서로 초심으로 돌아가자

사랑하기에 헤어진다는 말
헤어지는 자들의 핑계더라
미움과 사랑으로 갈등하거든
미운 정은 풀고 고운 정은 품어라.

# 오늘은 술이 너무 달다

오늘은 당신과 술 한잔하고 싶다
비가 오는 날이면 더 짙은 감정이
당신을 끌어들인다

전화로 격조했다 하면 그냥 만나자다
술잔 나눌 수 있는 당신 있어 행복하다
이런 걸 이심전심이라 했던가

술은 부담 없는 사람이 좋다지만
그런 사람 흔하던가
우수 짙은 그 얼굴 보면
술 한 잔으로 풀어주고 싶고
웃는 모습 보면 찐하게 한잔하고 싶다

술친구는 친구 중에 하지하下之下 라지만
할 말 못 할 말, 하고 싶던 이야기
취중진담 토해내며
그 시간 만은 상지상上之上이다

술잔 놓고 희로애락 공유하다 보면
옥석 가려 평생 친구로 발전하더라
외롭거나 기대고 싶을 때 나눈 몇 잔
오늘은 술이 너무 달다.

월간 국보문학 2022년 11월호 등재

# 기대고 사는 인연

사람은 더불어 사는 동물
서로 기대며 부대끼며 살아간다

우울한 날에는 자연에 기대고
고달픈 날에는 친구에게 기댄다

기쁜 날에는 가족과 함께하고
어려움 닥치면 하늘에 기댄다

사랑할 땐 연인에게 기대고
이별할 땐 술에 기댄다

서로 기대고 사는 것이
어디 사람과 자연뿐이랴

세상과 인연 맺은 모든 사물들
기대며 살아가는 것이 순리더라.

# 부모님 생각

부모는 나를 낳았다는 이유로
뒷바라지에 등골이 빠지고
가난한 살림살이 농사일하시느라
손발이 논바닥이 되었다

평생을 자신보다 자식 위해
온갖 정성 사랑 쏟으며
헌신과 희생으로 사 남매 보듬어
사람 노릇 하는 사회인으로 키우셨다

어머니 제주도 효도관광 계획했는데
아홉수에 얻은 병이 병원을 전전해도
백약이 효험 없고 수혈로 연명하다
진갑년에 하늘로 가신다

우리는 괜찮다 애들이나 잘 키우란 말
곧이듣고 처자식들 건사하느라
미룬 효도 기다려 주실 줄 알았는데
하늘이 먼저 불러 가슴치며 후회한다

고향 떠나 서울까지 20여 년
자리 잡으려는데 어머니 떠나시고

좋은 집에서 성심껏 모시려 하니
아버지도 떠나신다

부모님 기력이 쇠잔하기 전에
분수에 맞게 정성껏 모실걸
후회해도 소용없는 메아리
불효를 탄한 들 회한만 크다.

# 노염 老炎

삼복 기승부리며
먼 길 달려온 열기가
미련을 껴안고 놓질 않는다
노루 꼬리만큼 짧아진 가을이
늦더위 빨리 가라 재촉하니
무슨 소리
지구 온난화도 모르냐며
느릿 거린다

가을장마가 폭염은 말렸지만
잔염이 허리 꺾을 때까지
한동안은 땀과 동행해야지
아침저녁 기온차에 위로받으며
하산길 재촉하는 노염쯤은
피할 수 없으니 즐길 수밖에
계절도 중병을 앓고 있다.

ⓒ 강북문협 시화전 출품 2022. 10. 8

# 3월 초순 서울 숲

우수 경칩도 지나 봄의 그리움 안고
서울 숲에 단체 트레킹 갔다

예상보다 적은 탐방객들과
입 벌릴 준비하는 꽃대들이
봄 아직 이르다 말하네

얼씨년스런 공원에 앙상한 나무들
꽃사슴들의 무심한 눈길

그나마 휘늘어진 수양버들 가지에
노랗게 돋아나는 새잎과
버들강아지 몽우리가 봄이 옴을 알려준다

한강 철새들 배경으로 자리하고
참석자들 인사 멘트가 분위기 띄운다

아쉬움은 꽃 피거든 한 번 더 오자 달래고
자연과 벗하며 만보萬步 걷고
오찬 식도락까지 오감이 즐거웠다.

주간 한국문학신문 2022. 3. 23자 게재

# 독락獨樂

코로나 대유행으로 단체 산행 어려워
혼자라도 다니기 시작했다

힘들면 쉬어가고 싫으면 포기하고
간섭 없고 굴레 없어 편하다

여행할 땐 볼거리 있으면 들어가고
먹고 싶으면 식단도 마음대로
목적지도 내 뜻대로 늘렸다 줄였다
잠자리는 찜질방도 모텔도 차박도 좋다

젊어서는 여럿이 즐거움도 나누며
정도 나누고 호연지기로 어울렸지
시류 따라 그런 문화가 좋았지만
지금은 홀로 즐김도 해방된 느낌이다

가족이나 친지들이 독락하다
위급상황 시 대책 염려하지만
조심 조심 혼자 사색도 즐기면서
자연과 벗하며 건강도 다진다.

# 노신사

매력 자본 갖춘 멋쟁이
환한 웃음 떠나지 않는다
나이를 가늠할 수 없는 노신사

옷도 장신구도 말끔하게
표정관리도 철저한 시니어
평온한 표정은 매력 포인트
눈웃음에 사랑이 넘쳐흐르는 노신사

언제나 여유 있는 모습
노년의 품격品格 느껴진다
말은 삼가고 지갑은 열면서
자신감 충만한 노신사

오늘이 생애 가장 젊은 날
미래는 하늘의 처분에 맡기고
지금에 최선을 다하는 당신은
멋쟁이 노신사

월간국보문학 2023. 2월호
주간 한국문학신문 2022. 12. 21자 게제

## 고향에 오고 싶은 이유

청소년기 청운의 꿈을 심든 곳
보고 싶고 그리움 채우려 왔더니
나 떠나고 야금야금 떠났다 하네

오매불망이 어매! 실망이로구나
아름다운 추억들을 소환하니
곱고 아린 사연들이 꿈틀 거린다

고향은 어머님 품 같은 곳
내가 사랑하는 사람들이 살았고
친구 친지들의 정서가 어려있는 곳

젊음이 떠난 고향은 삭막한 촌락
벌초 명절 성묘 아니면 갈일 없고
오고 싶은 이유가 실종됐다.

# 당신을 느낍니다.

허공虛空에 그려본 당신 얼굴이
우울해 보여 포근히 안아 주고 싶은데
옆에 없어 그리움만 태웁니다

수줍은 웃음 띤 얼굴에서
당신 안에 내가 있음을
보았습니다

당신 숨결의 온기가 바람 타고
그리움 싣고 오네요

그대 마음 머무는 깊은 곳에
나의 사랑 살며시 포개어
당신의 체온을 느껴 봅니다.

주간 한국문학신문 2024. 7. 10자 게재

# 해물 뚝배기

한라산 정상 아무나 못 만나는 곳
성판악에서 백록담 대여섯 시간 걸어
백록담을 눈으로 마셨다

하산길 근육과 인대는 뻐근하고
힘들고 지루해 온몸 지친다

다리는 천근만근 땀내 달래려
알맞은 온도 욕조에 담그니
뭉치고 모였던 근육들 풀어진다

한라산 소주와 맥주 소맥으로 몇 잔
권커니 잣거니 목마름 적셨더니
과했나 숙취라는 뒤끝이 무겁다

서귀포 동문시장 해물 뚝배기
싱싱한 해물에 값비싼 전복까지
전복 아니고 사촌 오분자기라네
모양과 맛은 그놈이 그놈이다

네댓 가지 해물과 야채 버섯 국물
속풀이로 으뜸이라 소개받은 곳

질펀한 국물에 해장술로 속 풀었다

뚝배기 양도 좋고 맛도 일품
투박한 질그릇이 온기를 연장하네
잘 먹었다 엄지 세워 인사하니
다음에 또 오세요
그러고 말고.....

(사)국보문학 동인지 『내 마음의 숲』 제37호 2024년 5월 게재

# 게으름의 산물

여름 장마 끝에 옥상에 올라보니
며칠 전까지 잎이 무성하든 부추가
대궁이 생기고 몽우리가 맺힌다

비 오는 날이면 가끔 일찍 들어오세요
해물 부추전 해 놓을게요
막걸리 한 병 가져오란다

풋내와 오징어 조개 조합에 반주가
빗소리와 환상의 궁합이던 것을
게으름 피우다 한 가지 식도락이 사라졌다

내년에 다시 푸르름 안고 오겠지,

2022년 월간 국보문학 2월호 시 부문 신인상 등단 시

# 꽃 놀이

봄꽃 하면 매화가 먼저 피고
다음 벚꽃이 화사하게 자리하면
진달래가 시샘하며 달려온다

섬진강 변은 꽃동네 대명사
광양의 매화마을 순백의 자태
뒤따라 홍매화도 구색 갖춘다

보름 시차 벚꽃 만개하는데
하동 10리 벚꽃 터널 환상적이지만
열흘이 멀다 하고 일생 마감한다

진달래가 나도 꽃이라며
만산에 허드러지게 잔치 벌이면서
꽃구경 중에 내가 제일이라네

천만에 너만 꽃이냐 나도 꽃이다
질투하며 따라 핀 철쭉꽃은
잎 나고 꽃피우느라 늦었다네

이 계절엔 상춘의 마음이 생동하고
산야의 뭇 꽃들이 춘흥을 돋우니
처처가 꽃세상 여행길이 즐겁다.

월간 국보문학 2022년 7월호 7월의 시인

## 적응이란?

비

처음 한 두 방울은
덜 맞으려고 애를 쓰지만
피할 길 없어 푹 젖어보면
오히려 상쾌하기까지

적응이란 이런 거구나!

(사)국보문학 일자산 시화전 시낭송 출품작 2023. 5. 20

# 기분 좋은 사람

살면서 만나면 기분 좋은 사람
말을 섞지 않고 눈만 보아도
입꼬리가 귓불로 올라가는
그런 사람 더러 있지

무엇을 나누어서도 아닌데
마냥 마음이 편안해지는 친구
나의 삶의 질을 윤택하게 한다

며칠만 지나면 안부 궁금하고
전화로 안부 물으면
빨리 체온을 느껴보고 싶은 사람
이심전심이다

마음을 주고받는 술 한잔
비 오는 날은 해물파전에 막걸리가 좋고
맑은 날엔 삼겹살에 소주도 좋지
분위기 따라 청탁 불문 안주 불문이다

해어지는 발걸음도 가볍고
오늘은 아주 멋진 날
기분도 상쾌하고 다음이 기다려진다.

# 아프냐?

세상사 억지로 참으면 병이 온다
아니라 생각되면 즉시 마음 돌리자
한번 아닌 것은 끝까지 아니더라
요행을 바라는 것 허황된 꿈이다

아프냐? 아픈 만큼 더 열심히 살아라
세상에 안 아픈 사람 있다더냐
너보다 아픈 사람 많고 많다

아픔도 슬픔도 인생의 징검다리
신이 우리에게 부여한 작품인 것을
살아있음에 누릴 수 있는 선물이다

매일 쨍한 날씨라면 얼마나 더울까
소낙비가 여름의 시원함을 주듯
희노애락喜怒哀樂 모두 삶과 같이 가는 것
사연 없는 사람 아픔 없는 사람 없더라.

(사)국보문학 시분과 시집 창간호 열린 시 세계 2023년 12월

# 편한 친구

해장국이나 순댓국에 소주면 어때
추억들 소환해서 호연지기 나누고
부담 없는 벗 너무 반갑다

해물파전 빈대떡엔 막걸리가 찰떡궁합
학창 시절 불러내어 파한 잡담 꽃피우며
그립던 친구들 모이니 시간이 짧다

자장면이나 탕수육엔 고량주가 제격
찐했던 사랑 담 음담패설 주고받으며
왁자지껄 웃음 속에 시간을 죽인다

술친구는 진정한 친구 아니라지만
술잔 나누며 쌓은 우정 허물없더라
주안상이 빠진 자리 대화가 빈곤하다

예부터 술과 친구는 오랠수록 좋고
배려와 존중으로 상호 예의 지키며
편한 친구 만나는 그곳이 낙원이다.

# 나의 어머니

시집온 지 2년 넘도록 태기 없으니
시어머니 조급증 내시며
누구 집 대를 끊으려 왔느냐
칠거지악 들먹이니 신세가 서럽다

장독대 정화수 떠놓고 정성 들여
칠 년 만에 옥동자 낳으니
구박하던 시어머니 경사 났네
어깨춤 덩시덩실

부모님 농사일도 신이 나고
물꼬 터졌나 사 년 터울 딸 낳더니
삼 년 터울 아들 아들 사 남매나 두니
동네 사람들 그럴 수도 있구나!

어깨너머 배운 문장력
동네 사돈지 대필하고
마을 사람들에게 내방가사 낭독
금동댁 하면 온 동네 칭찬이다

시어머니 돌아가시니
사랑과 미움이 한꺼번에 밀려와

다른 상주보다 더 슬피 우시며
고부간에 얽힌 애환 모두 풀어내신다

속 쓰릴 때 소다로 다스렸으니
독성이 퍼져 큰 병 되었나
모세혈관 파열되어 피주사로 연명하니
백약이 무효라고 집으로 모시란다

자식들에 정 다주고 진갑년에 가셨다.
제주도 진갑여행 약속은 하늘에 넘기고....

# 그리움은 느끼는 것

살아보니 제일 그리운 건 사람이더라
어린 시절엔 상급학교 생활이 부러웠는데
나이가 드니 어린 시절이 그립고
객지에 나오니 가족과 친구가 그립다

다음 그리운 건 고향이더라
내 고향 굴뚝의 연기도 그립고
마구간의 소, 돼지, 닭도 정겹고
농기구도 생각난다

봄이면 만산홍엽의 가을 산이 그립고
여름이면 흩날리는 흰 눈이 그립고
가을이면 돋아나는 새싹이 그립고
겨울이면 해수욕장 바다가 그립다

많은 사람을 만나고 헤어졌다.
누구는 따뜻했고 누구는 차가웠다
피곤한 사람도 있고 누구는 헤어지기 싫었다
누구는 금방 그리웠고 누구는 생각하기도 싫었다

내가 다른 사람을 그리워하는 것보다
내가 누군가에게 그리운 사람이 되고 싶다

내가 누구를 그리워하는 것은 알지만
다른 사람이 나를 그리워하는 것은 모른다
그리움은 느낌이더라.

서울국보문학 제2호 게재 2023년 3월

# 제2부

# 세월가니 바뀌더라

세월이 약이라는 말이 있지요
복잡한 것보다 단순한 것이 좋고
도시보다 한가로운 시골이 좋고
똑똑한 사람보다 편안한 사람이 좋더라

# 사는 것이 버거울 땐

사는 것이 버거울 땐
동토에 돋아나는 새싹을 보라
질긴 생명력을 느낄 것이다

녹음방초 우거진 숲에 가면
새소리 물소리 자연의 화음이
움츠렸던 어깨를 치켜세울 것이다

산야에 생동하는 만물을 보면
새 삶의 열정이 움틀 것이다

우여곡절 없는 삶이 어디 있더냐
희로애락은 느낀 만큼 내 것인 것
빈손으로 와서 얻은 것은 모두 덤이다

사는 것이 힘들 땐
하늘 향해 크게 포효해 보라
털어낸 만큼 마음도 가벼워지리라

# 고르고 고른다

나에게 아픔 주고
떠난 것도 사람이고

나에게 즐거움
전한 것도 사람이다

사람이 모두 달라서
고르고 또 고른다.

# 아내

매일 출근하며 갔다 올 게 하면
다녀오세요, 저녁은?
일찍 들어오면 준비하겠다는 물음이다

아내들이 부러워하는 1식이 남편
남편이 안 먹으니 혼자서 헐 먹어
영양실조 걱정되어 가끔은 함께한다

그 자리에서 가정 지키며
옆에서 부대끼며 사는 사람
귀가하면 언제나 볼 수 있는 사람

한 식탁에서 한 그릇에 밥 비벼 먹고
밥상머리에 가정사 나누는 사람

가문의 혈통을 이어준 보물단지
너무 가까워서 귀한 줄 모른다

티격태격 싸우고 토라졌다가도
다시 나란히 누워 자고
둘이 나이를 더하면서
애증愛憎을 녹여낸다.

가족 뒷바라지에 뼈마디가 쑤셔도
부도婦道라며 당연한 줄 알고
집안일 백과사전 내조에는 일등공신
가족들은 그 사랑을 마신다

집안일 챙기다 지적사항 용케도 기억하고
귀가 기다렸다 직사포 쏘아대어도
아내 있어 듣는 소리 조심하며 산다

아내는 관리자 잔소리꾼
남편을 긴장하게 만드는 조련사다

봄도 되고 여름도 되고 가을도 겨울도 된다
아내는 팔색조 나 하기 나름이다.

# 百忍堂中 有泰和
## 백인당중 유태화

부모가 자식 사랑하는 집안엔
웃음이 있고
자식이 부모 공경하는 집안에
효도가 있다

가족이 살며 백번 참는 집안엔
화목함이 있고
가족이 서로 배려하는 집안엔
사랑이 넘친다

부모를 존경하는 효행은 쉬우나
부모를 사랑하는 효행은 어렵다
부모 노릇 하기도 어렵지만
자식 노릇 하기는 더 어렵다

인내하는 가정에는 행복이 있고
화목한 가정은 하는 일도 잘 풀린다
기증받은 백인당중유태화 액자 글귀
우리집 가훈으로 삼았다.

# 그리움

흘러간 세월 혈기왕성했던 시절도 그립고
추억을 같이 만든 친구들이 더욱 그립고
아련히 생각나는 연인들은 더더욱 그립다

회자정리라 했든가 만나고 해어지고
해어졌다가도 인연 있어 또 만나고
그렇게 그렇게 인생을 엮어간다

어느덧 초로인생 저녁노을 닮아가고
어느새 여기까지 왔는지
잡아맬 수 없는 세월이 야속하다

왕성했던 열정도 추억도 묻어두고
생존 위한 새파에 부대끼고 살면서
정열의 온도를 낮추어 본다

남은 세월 보고 싶고 그리운 벗들
어쩌다 만나 가슴을 열어보니
지나간 추억에 마음이 아린다.

국보문학 동인문집 내 마음의 숲 제33호 2022년 봄호

# 맛 집

맛집은 많고 종류도 많지만
내가 좋아하는 맛집은 따로 있다
고기보다 면을 좋아하여
아내와 한 달에 한두 번 찾는 곳

한 곳은 '명동교자' 부드러운 면발에
코를 톡 쏘는 특유의 배추김치
일본, 중국, 코 큰 사람들도
세계인의 명품 칼국수와 만두
먹고 나면 오감이 만족한다

또 하나 '의정부 평양냉면'
메밀 면발에 깔끔한 육수 맛
젊은이들 밍밍한 이 맛 진미 모르고
무슨 맛에 오느냐고 묻는다

망향의 정한을 나누는 곳
젊은 고객 부모님 입맛 따라왔다가
감칠맛에 3대 째 찾는다고

평양출생 친구 따라 맛본 지 30년
맛의 비결 즐기려고 비싸도 찾는다
나의 단골 두 맛집 가끔 식도락 한다.

# 세월 가니 바뀌더라

좋은 옷보다 편안한 옷이 좋고
화려한 생활보다 소박한 삶이 좋고
욕심 줄인 그 자리 마음이 편하더라

복잡한 것보다 단순한 것이 좋고
도시보다 한가로운 시골이 좋고
똑똑한 사람보다 편안한 사람이 좋더라

멋진 신발보다 편한 신발이 좋고
거친 바다보다 잔잔한 강물이 좋고
도수 높은 양주보다 막걸리가 좋더라

크고 비싼 차보다 중형차가 편하고
아파트보다 단독주택이 편하고
시류에 영합하며 지혜롭게 사는 거다.

서울국보문학 제2호 2023. 3월 게재

# 불면의 산물

밤 10시 습관처럼 잠자리에 들면
통상 반 시간 내 잠드는데
오늘은 눈만 감았지 뇌는 뜨고 있다
수면자세도 바꿔보고 별짓을 해도
잡념 한 아름 푸느라 잠을 설친다

이러다 날밤 새울라 원고나 보자
초고 보니 많이 부족하네
퇴고하고 새김질하니
괜찮은 글이 되어 폴더에 저장한다

동공에 막이 내려 잠을 소환하니
새벽 2시 잔상이 이른거리더니
숙면의 세계로 들어갔다

잠 못들어 뒤척일 때 글공부했으니
불면증이 가져온 수확도 있구나
결산은 늦잠과 시 몇 편 퇴고였다.

## 가을 실종

9, 10, 11월이 가을인데
9월까지 늦더위가 계속되더니
10월 들어서니 서리 피고 영하 날씨

가을 옷은 차례 기다리다
겨울옷이 월반하며 자리바꿈 하네
계절까지 치매가 걸렸나 보다

코로나19가 입 막고 길 막더니
기후까지 바이러스 걸렸네
변덕스런 기상에 가을은 실종되었다.

월간 국보문학 2022년 7월호 7월의 시인
2022년 5월 충남보령 시와 숲길공원 시비 건립

# 어렵더라

청산은 말없이 살라지만
사람이 말 없기 어렵더라
말하려거든 가려가며 하란다

비우고 살면 잘 사는 거라지만
어떻게 비우는지 모른다 하니
요긴하지 않는 물건 이웃과 나누고
필요한 것만 담으란다

바람같이 구름같이 살라지만
그렇게 살기 힘들다 하니
자연에 순응하며 살라는 거란다

물같이 낮고 둥글게 살라지만
어찌 낮게만 살 수 있나 하니
오를 때와 내릴 때는 순리에 따르란다

인간의 욕심은 한량없는 것
자연의 이치와 조화를 거스리지 마라
행여라도 욕심이 지나치거든
사정없이 회초리를 들어 란다.

# 살아보니

20년은 출생부터 양육기간
사춘기 뼈마디가 굵어지며
부모 슬하 견인되며 살고

20년은 학업 끝내며 병역복무
둥지떠나 가족 구성 독립생활
살기위한 몸부림 주체적으로 살고

20년은 사회적 자리 잡고
자녀 혼사 은퇴준비
노후준비 분주하게 살고

20년은 각종 모임 평생교육 관심갖고
자산관리 건강관리 챙기면서
교우관계 넓혀가며 지기계발 한다

남은 세월 각종 위험 방어하며
건강한 노후위해 노력하며
하늘에 기대고 산다.

주간 한국문학신문 2022. 11. 30자 게재

# 나에게 집이란

사회생활을 시작하며
집은 소망 1순위이다
집은 소유라야 의미가 있고
규모만큼의 자존감을 가진다

나에게 집은 자랑이고
자식들에게 자부심이며
집이란 휴식과 평안을 주고
생활에 안정감을 준다

나에게 집은 낙원이었고
문패를 달았을 때 날고 싶었다
아내는 기쁨에 겨워 울다가
행복해서 웃었다.

한국문인협회 시분과 시화집 2023년 9월 게재

## 잊혀진 사람


일주일이 멀다 하고 술잔 부딪히든 벗
바이러스 창궐로 삼 년간 못 만나니
얼굴도 이름도 가물가물

시간 흘러 기억에서 멀어진 인연들
잊혀진 사람되어선 안된다고
내가 먼저 챙겨야 으뜸 친구지

오라는 사람 없고 갈 곳도 없다면
외롭고 쓸쓸한 외기러기 신세
잊혀지면 연락처에서 사라진다

자기관리 이웃관리 철저히 하고
유대위해 인연줄 이어가는 사람이
만인에게 기억되는 사람이다.

국보문학 시분과 창간호 2023. 12. 게재

# 부부 일생

남남이 인연 되어 부부연 맺고
연인 같던 사랑의 시절
세월 따라 친구 사이 되더니
일거수일투족 관리자가 되었네

천생연분 뜨거운 사랑도
서로 보듬고 사는 측은지심으로
30년 안팎 해로가 세상 좋아
50년 지기로 연장되었네

한세상 사는 동안
한 그릇에 밥을 비벼 먹고
같은 잔에 입 맞추고
한 침상에 눕고 마음도 섞었다

젊어선 사랑으로 살고
나이가 들면 살기 위해 사랑한다고
가난도 이기고 병마도 이기며
명예와 재력도 적당히 누려보았다

둘이면서 하나이고 미완성인 사이
지난 세월 온갖 갈등도 갈라섬의 유혹도

잘 견뎌내고 예까지 왔으니
오늘은 당신 덕분이라고 손잡아보자

지나침도 모자람도 없는 마음 나누다가
인생 소풍 끝나는 날
당신과 함께 걸어온 인생 행복했어요
고마워요 당신! 사랑해요 당신!

# 부모 노릇

1960년대 2남 1녀 황금률이었다
막내아들 결혼할 때까지 38년
자식 뒷바라지 등골 휘었다.

이놈들 언제쯤 품을 떠날까
잘 자라준 놈들이 짝 맞추어 나가고
복닥거리든 둥지에 부부만 남아있네

떠나고 보니 그때가 살맛 나는 걸
3세들 낳아 양육에 부대낄 때
엄마 건강이 허락지 않았고
허덕이는 삶이 안타까웠다.

미혼 비혼이 50%에 달하는
국가 인구정책 비상 시기에
결혼하여 자식들 생산한 아들 딸
조상에 효도 국가에는 충성했다

명절에 모여 조상 제사 모실 땐
자손들에 보학교육 덕담하며
온갖 세파 지혜롭게 헤쳐가며
살아가는 너희들이 고맙다

부모 노릇에 자식 노릇 화답한다.

# 내가 없다면

내가 없다면
사랑도 없고
희망도 없고
꿈도 없고
행복도 없고
종국엔 인생도 없다.

내가 없는데….

# 세월이 오네요


세월은 가는 것이 아니고
오는 거래요

봄이 오고 여름이 오고
가을이 오고 겨울이 오지요

꽃들이 가면 열매가 오고
젊음이 가면 노년이 오네요

가는 줄만 알고 서운해했는데
오는 세월이니 반가이 맞이하자.

# 어찌 할까?

남은 인생 벌려놓은 숙제도 많고
갈 길은 모르고 마음은 바쁜데
시간은 쏜살같이 지나간다

가고 싶은 곳 하고 싶은 일
보고픈 인연들 메모장에 늘어나는데
이것들 어찌할까?

시간아 좀 천천히 가자 붙잡으니
내 보폭으로 가고 있으니
보채지 말고 따라오란다

덜 영근 사랑도 숙성해야 하는데
종착역 도착시간 모르니 안절부절
주어진 시간에 최선을 다하련다.

# 남포동에 오는 이유

여기에 오고 싶은 이유는
지나간 세월을 반추하고 싶기 때문이다

꿈을 찾아 발버둥치던 곳
미움도 시샘도 접고 견딘 시절
진실한 인생의 멘토들이 있었다.

여기에 와서 꺼내보는 것은
젊은시절 구석구석 묻어둔 사연
한 장 한 장 넘겨보는 추억들
그때는 그랬었지 수긍한다

이곳은 나의 삶의 터전이었고
골육이 성장하며 소년기 벗어난 곳
이곳은 군대 입대까지 둥지였다

보고픔 때문에 부산만 오면 찾지만
그때 같이한 사람들 아무도 없고
맛있는 비빔국수 냉면집도 간곳없네
떠난 지 오래된 이곳에 내 것은 없다

남포동도 충무동도 자갈치도
아련한 기억들은 찾을 길 없고
새로운 사연들로 채워 놓았네

행여 반가운 인연 만날 수 있을까
늦은 밤까지 이방인처럼 헤매다가
눈에 익은 술집에 들렀더니
옛날 모습 아닌 광란의 밤이네
낯설은 풍경 되돌아 나왔다

그때 그 시절
내가 사랑하는 사람들 있었고
부대끼며 함께했던 친구들
그리움에 찾고 또 찾지만
세월 속에 잊힌 나만 있네
이제 오고 싶은 마음 접어야겠다.

담양 남원 문학기행 출품작 2023. 6. 26.

# 부부 건망증


아내는 나보다 여섯 살 아래다
아침에 언제나 나보다 일찍 일어나
주방에서 뚝딱 거린다

가족이래야 단 둘
시끄럽지만 평화를 위해 참는다

냄비에는 국이 끓고 있다
뭐야 밥이야? 빵 먹자더니
어! 그랬든가?
30초의 기억력이 하루밤을 지났으니
그럴 수 있지, 차린 밥이니 먹읍시다

오늘은 저녁에 비빔국수가 먹고싶다 하니
7시까지 들어오란다 10분 전 휴대폰 울린다
어디까지 오셨어요? 아차 잊었구나
오늘 산악연맹 모임
깜박한 덕에 택시비 썼다
모임에서 건망증 말하니 다 그렇단다

무쳐놓은 국수 어떡하나 지청구 듣고
지은 죄 있어 울며 겨자 먹듯
냉동보관 국수로 아침을 떼웠다

나는 책장 앞에 와서 멍하니 서있고
아내는 냉장고 문을 열고는 눈만 멀뚱멀뚱
머리를 긁적인다
요즘은 건망증을 둘이서 경쟁한다
이러다 남편이 아내도 몰라보고
아내가 남편도 몰라보는 그런 날도 오겠지

서로를 알아가며 산 세월
100세 시대 아직도 많이 남았는데
한 번도 경험하지 못한 새 세상
서로 기억이나 하고 살았으면 좋겠다.

# 이쯤에 와서


밥상 차려 주는 아내가 있고
소일할 일과도 있다
안부 전할 친구들과
노랗게 물들인 카친들도 있고
전화, 메시지도 심심치 않다

주부들이 원하는 일식이 남편
자식들이 바라는 잘 늙는 아빠
나이 기준 중상위의 건강도 있다

자녀들 결혼하여 앞가림 잘하고
귀여운 손자 손녀들 잘 자라주며
우리 내외 금실도 좋다

일용하기에 조금 부족한 지갑
아내의 코디로 용모 옷걸이 다듬고
품위 지키며 사회에 적응한다

조찬, 오찬, 만찬도 가끔 있고
우주를 글로 옮기는 시인 수필가
사회 활동하면서 내밀 명함도 있다

가슴이 답답할 땐 운전대 잡고
강변 해변 산중 들길 나들이에
내 몸 싣고 다닐 애마도 있다

저녁때 돌아갈 보금자리 있고
양파 와인에 견과류 안주로 피로 풀고
나이 들어 살아온 길 새김질 하니
이만하면 괜찮은 인생
이쯤에 와서 여생은 가늠하기 어렵지만
주어지는 환경에 적응하며 살자.

# 제3부

# 나들이의 효과

삶이 버거워 갈피를 못 잡고
대책이 안 서거든
한두 시간 나들이를 해보라

# 나들이의 효과

내 삶의 농도가 충만해서
행복감이 통제가 안 되거든
원근 불문 나들이를 해보라
만족이 배가 될 테니까

삶이 버거워 갈피를 못 잡고
대책이 안 서거든
한두 시간 나들이를 해보라
버거움이 시간을 안고 반감될 것이다

그래도 미흡하거든
멀리 여행을 떠나보라
나들이가 진정제가 되고
여행이 치료제가 될 것이다.

2023. 3월 서울국보문학 제2호 게재
국보문학 시분과 동인지 열린 시 세계 2023. 12월 창간호

# 만해 한용운

님이 가신지 일흔여덟 해
우리가 잊지 못하는 것은
거룩한 희생과 봉사정신 때문입니다

님이 보고 싶어 생가지를 찾았다
만해 문학체험관 님의 눈과 마주쳤을 때
존경심으로 고개가 숙여졌습니다

문화해설사가 독립선언서의 공약삼장은
독립선언을 확실히 전달하기 위해
님이 주장하여 포함 시켰다네요

신간회와 불교청년 비밀결사 조직하고
불교지 인수하여 신불교 개혁하며
조선일보 조선 중앙일보에 소설을 연재하고
시와 수필 집필하여 국민 의식 개몽하셨다

애국 애족 독립운동의 정신적 지주支柱였는데
그리든 조국 광복을 1년여 앞두고
심우장에서 66세를 일기로 입적하시니
애달프다 님이시여!

경인국보문학 제2호 2023년 7월

# 시와 숲길공원 단상

시와 숲길공원 안내 따라가니
주산면 벚꽃길이 길손을 맞으며
환상의 가로수 터널길 운치가
500리 운전의 피로를 풀어준다

벚꽃 필 때 다시 오리라 입력 중
예쁜 목소리가 우회전하라네
마을길로 조금 가니 목적지란다

높지도 낮지도 않은 동산 아래
터 잡은 시와 숲길공원
마당 양옆으로 시비가 늘어서 있다

사무실 겸 현대문학기념관 오르니
문학박사 주인이 반갑게 맞는다
인사 나누고 시비공원 한 바퀴 돌자며
4륜 구동 자동차로 안내한다

나 여기 있다 배 내밀고 선 시비
나 찾아봐라 살짝 숨은 시비도
각양각색 시비가 문객을 반긴다

경사진 비포장도로로 올라가니
데크 전망대 그 이름은 선관정仙觀亭
앞 들판은 전형적인 시골 풍경 정겹다

5분 걸어 명덕봉 215m 정상 오르니
보령시가 세운 정자가 있고
아래로 보령댐이 구불거린다

항일민족 시인 7인 위령비와
박정희 대통령 내외 추모비에
경건한 마음으로 참배도 했다

발상도 좋지만 무거운 돌들 옮겨
자리 잡기까지 얼마나 힘들었을까
시비가 숲을 이룬 명당
유네스코 등재가 목표란다.

# 고모리 저수지 호수공원

포천 고모리 저수지 수변 호수 공원
죽엽산 줄기 아래 아늑한 곳에 자리 잡은 곳
서울 중심에서 40km 거리 근교 드라이브 코스
저수지 둘레길 2.6km 산책로 쉬엄쉬엄 1시간
남녀노소 커플들과 가족들이 속닥이는 둘레길

시원한 물줄기를 뿜어내는 분수
카페 식당, 펜션, 상점, 모텔, 호텔까지 갖춰 놓고
돌다 보면 물고기 조형물 "비상" 앞에 보트장
오리 보트와 자동차 형 보트, 모터보트가 있고
시골에서 보기 드문 연인들의 데이트 명소다

삼면을 둘러친 산들이 방풍 역할 하며
코로나19가 더 유명하게 만들어 놓은 유원지
중간에 설치된 벤치는 휴식과 간식 장소
경관이 아름다워 찾고 싶은 카페 마을
뭇사람들의 추억이 만들어지는 곳 고모리

월간 국보문학 2022년 7월호 7월의 시인

# 등산登山과 입산入山

청산이 많은 한국 복받은 나라다
등산은 산을 오르고 내리는 것
입산은 산에 드는 것이다

등정은 탐험과 정복이 목표이고
등산은 운동이나 성취가 보람이며
입산은 수양이나 기도가 정석이다

IMF 시절 기업인과 실직자들이
산에 올라 도전정신 충전시키고
결의 다져 재기에 성공한 사례 많다

푸른 나무 예쁜 꽃 맑은 계곡 눈에 담고
새소리, 물소리, 벌레 소리, 바람 소리
피톤치드, 음이온에 심신이 힐링된다

벗들과 호연지기 나누려 오르기도 하고
시한부 인생들 치유를 위해 들기도 한다
그곳엔 도전이 있고 희망과 사랑도 있다.

# 목포에 가면

1004섬 끌어안고 파란 하늘 이고지고
아름다운 유달산에 명물 케이블카
허공의 케빈 타고 보이는 주변 조망
세상의 선경이 여기로구나

옹기종기 섬들이 망망대해 숨겨 놓아
아득한 수평선 조망은 접었지만
크고 작은 배 품에 안은 목포항
아름다운 목포항의 품은 너그럽다

공중에서 보이는 대교들 핸들을 유혹한다
압해대교 건너니 올망졸망 섬들의 신안군
가로 꽃들이 반기는 환상의 드라이브 코스
천사대교는 꼭 보라고 안내한다

남도명물 신안군 천사대교
우리나라 네 번째 긴다리 10.8km
사장교와 현수교로 세계 유일 공법
웅장하면서 아름답고 멋진 다리

내친김에 욕심내어 김대중 대교까지
신안의 그림 같은 섬 목포의 눈부신 항구
목포대교 넘고 보니 목포는 대교도 많고
오고가며 해변 윤슬이 눈부시다.

# 노들공원

한강 변 노들공원 사방이 별유천지
하늘공원이 사랑받으니 동생을 낳았나

쓰레기 하치장이 숲 동산 되어
시민들의 허파로 탄생했네
상전벽해가 예로다

가족끼리 연인끼리
나들이 숲 사랑을 즐긴다.

시를 쓰기 위해 오기도 하고
이곳에 오니 시심이 돋기도 한다

경치는 눈에 담고
하늘과 땅은 몸으로 느끼며
시 한편 탄생한다.

일자산 시화전 출품작, 2023. 10

# 경주 교촌마을

경주에는 교촌이란 한옥마을이 있다
신라시대 국립대학인 국학이 있던 곳
고려 땐 향학으로 조선의 향교로 이어져
경주향교 있던 자리 교촌이 되었다

요석공주의 요석궁이 있던 곳
국가 민속문화재 제27호 경주 최부자집
노블레스 오블리주를 실천한 선비
독립운동자금을 공급한 애국자

중요무형문화재 경주 교동법주 주조장
유리공방, 토기 공방, 누비 체험장이 있고
교리 김밥 교촌 가람 교촌 국밥 먹거리와
내외국인 한복체험 경주를 입는다

문천을 따라 둘이 하나 되는 사랑길에
우리나라 제일 긴 목조교량 월정교
원효대사가 요석공주 찾아갔다지
포토존 야경이 한층 아름답다

어머니에 효도하고 아버지에 불효한
효불효교 돌다리 전설 안고

문천은 오늘도 무심히 유객을 맞는다
교촌 김밥에 법주 한잔 역사를 엮었다.

월간 국보문학 2022년 10월호

# 명절 귀향

말만 들어도 설레는 단어 귀향
할아버지 아버지의 고향, 나의 고향
명절 때는 아련한 추억 찾아
국민 절반이 이동한다

명절 하면 할머니 할아버지
고향을 지키는 친지 친구들 연상되고
대중교통 표 구하기와 도로의 정체
그것들은 견딜만한 가치며 인고이다

예전에는 손꼽아 기다렸던 날인데
지금은 텅빈 고향 한물간 명절이지만
할매 할배 있고 선산이 있는곳
귀성 분위기에 젖어 너도 가고 나도 간다

코로나가 발을 묶어도 가고 싶은 곳
객지에서 코로나 묻혀 올까 걱정되지만
그래도 내 자식 손자들은 기다려진다
힘들었던 명절 귀향 추억 한 장 담았다.

# 여수 야경

낭만의 도시 여수의 밤
항구와 밤바다 불빛 낭만적이다
돌산 섬과 육지를 연결한 케이블카
왕복 25분간 누리는 호사다.

전망대에서 펼쳐지는 해양공원
돌산대교 주탑에 형형색색의 조명
여기에서만 누릴 수 있는 야경이다.

여수하면 연상되는 밤바다
불빛 환히 밝힌 크고 작은배
미남크루즈 힐링투어 선상 불꽃놀이
탄성 올리며 한 바퀴 환상적이다.

여수 명물 해안따라 포차 거리
몽환적인 밤바다 배경 길손들 붙잡고
해산물에 한잔 술 여기가 낙원이다.

향일암 일출과 동백 섬, 세계박람회장
여수해양공원 아름다운 분위기
볼 것도 많고 먹거리도 풍부한
매력의 도시 여수의 밤이 즐겁다.

국보문학 내 마음의 숲 동인문집 제35호 2023년 봄호

# 해동용궁사

동해안 남단 바위산 비탈
석가모니 점지했나 했더니
스님 꿈자리가 찜했네
망망대해 마중 받는 봉래산 끝자락
성스러운 관음사찰 해동용궁사

고려 시대 창건한 굴법당 미륵석불
대웅전과 삼층석탑 용궁단 범종각
바다향한 10m 한국 최대 관음 대불도
미륵 석불은 무 자손에 기도발 주고
108계단 오르내리며 절 기운 받는다

부산 여행의 필수 코스
인산인해 방문객들
견물생심 없는지 입장료도 없다

사찰경내 향 내음 바다 내음
경건하면서 상쾌하다
극락이 따로 있나
왠지 좋은 일이 생길 것 같은
해동용궁사

# 와송정(와송정사)

청양 오서산 줄기 아래
평택 임씨 청양 현감 고택에는
와송정사와 와송정이 있다

옥호를 붙여준 연못 위 와송 3형제
세월을 못이긴 두 그루는 고사하고
한 그루만 누워 와송정 편액을 지킨다

안채는 정면 5칸 사랑채는 정면 7칸
구한말 서당으로 학문을 연마하든 곳
앞에는 월산 뒤에는 오서산 아늑한 골짜기
항일독립운동 때 독립지사 7명 배출했다

고택과 어울리는 기와 돌담과 장독대
와송과 연못이 고택의 운치를 더하고
누마루에 걸려있는 경敬 자는 선비 상징
스승과 어른 공경 정신에 숙연해진다

유서 깊은 이조 고택 사랑채 툇마루에서
시 창작 특강과 시 낭송 서당 정서 살리고
유서 깊은 이조 고택 탐방 마무리
오솔길의 울창한 수목들 환송 받았다.

# 일출 맞이

찬란한 신년 해맞이 위해
올해 마지막 날 일박할 준비하고
애마 몰고 강릉으로 향했다

경포대에서 백두대간 능선을
붉게 물들이며 내년에 또 보자고
손 흔드는 멋진 일몰 감상은
하루전날 온 보답이다

새해 첫날 대관령 고개 일출맞이
많은 인파 자동차 발 디딜 틈이 없고
영하 19도 채감온도 영하 25도
발가락 손가락이 곱도록 애태우더니
7시 53분에야 수평선 위로 고개 내민다

수평선 붉게 물들이며 천천히 오른다
매일 보는 태양이지만
간절히 떠오르길 바래선지
오늘 태양은 유난히 성서러워 보인다

환호성에 카메라 셔터 소리 사방이 시끄럽고
붉게 떠오르는 태양 향해 간구하는 모습들
무엇을 바라고 무엇을 빌었을까?
동해의 해넘이 해맞이 가슴 벅찬 경험이다.

# 여름 산행

진초록으로 치장한 산에는
피톤치드 음이온 물소리 바람 소리
산객들 즐겁게 맞이한다

오를수록 맥박과 호흡은 짧아지고
정상이 보일수록 걸음은 더뎌지며
무거운 다리 끌며 오른다

올라갈수록 조망은 트이고
해발 몇 미터 무슨 산 이름 표지석
정상까지 잘 왔다고 반긴다

산객들은 성취감에 하이파이브
정상 오르가슴이란 이런 것
이 순간만은 부러운 것 없다

떨리는 다리 가누며 내려오니
개울이 물 마사지하고 가라 하네
발 담그니 여기가 무릉도원이구나

송사리가 발가락 더듬으며
땀에 젖은 비늘들을 핥는데
간지럽고 상쾌하고 기분 좋다
여름 산행은 계곡이 있어야지....

# 여행은

여행은 가슴 설레는 것
버킷리스트 윗자리에 놓이는 것
삶의 가치와 심미안을 높이고
나를 찾기 위한 성찰의 기회이다

속박에서 벗어나 세상을 만나는 것
다른 문화를 접하며 견문도 넓히고
사람 관계 확대하며 삶을 풍요롭게 한다

미지의 세계를 탐험하고
심신과 영혼을 치유하는 것
여행 장구 챙기고 나서면 행복한 미소
즐거운 만큼 고통도 따른다

여행은 어디를 가느냐보다
누구와 함께하느냐가 중요하고
친구를 알려거든 사흘만 여행해 보란다

철마다 자연과 함께하는 감흥이 다르고
지역마다 역사 문화유산 볼거리 많다
여행하면 새로운 눈이 열리고
인간의 보잘것없음을 깨닫게 한다

관광 역량이 국가의 위상을 높이고
세계는 여행자에게 문을 열어준다
다리 떨릴 때까지 아끼지 말고
가슴 떨릴 때 부지런히 다니란다.

# 소쇄원과 대나무


소쇄원 입구 수문장 대나무 숲길
이곳을 통과해야 선계에 들어선다

왕대나무가 하늘 가리고
숲 터널 만들어 놓았다
대숲 속 자주색 죽순 키가 어미만 하다
죽순은 돋아서 20일이면 다 크고
잎이 나며 40일이면 성죽이 된단다

정원의 신비감을 더해주는 대 숲길
바람에 대나무 잎 스치는 소리 지나니
선비의 품성과 절의가 느껴지는 정원
제월당과 광풍각 대봉대 맑은 계곡물이
품위 있는 원림임을 말해준다

자연과 인공이 조화를 이룬
국가 명승 제40호 원림 소쇄원
지형지세 이용 정원을 일으켰구나

담 넘어도 둘러친 소나무와 대나무 숲
그 속에 자리한 깊고 그윽한 별서정원
마루에 앉으니 바람이 온몸 마사지 한다

벗들과 시 한수 술잔 나누다가
계곡에 흐르는 물을 베개 삼아
쉬어가고 싶구나.

주간 한국문학신문 기행문 우수상 수상 2023.7.19자

# 1004(천사)섬

케나다 필수 여행지 천 섬 투어
온타리오호에서 세인트로렌스강 사이
1800여 개 섬 중 케나다령 1000 섬
그림 같은 섬들에 별장들 있다

우리나라 신안군엔 1004(천사)섬
해산물 보고寶庫 다도해해상국립공원
아름답고 볼거리 즐길거리 많고
언제 한번 돌아보고 싶은 환상의 섬들

배 타고 한 섬 한 섬 돌아보면
섬마다 다른 운치 다르다
큰 섬들 연결하는 아름다운 연륙교
관광객들이 줄지어 찾는 신안군

이곳 아니면 맛볼 수 없는 식도락
다도해 특유의 정취와 풍광
그곳에 가면 트레킹이 즐겁고
섬 둘레는 백사장과 단애도 많다.

섬마다 다른 매력들 눈길 끌어
관광객 발길 유혹하는 정겨운 1004섬
여기가 한국의 관광 1번지 되고
신안군 일주가 버킷리스트 되겠다.

# 귀가

3박 4일 동경 주변 문학기행
갈무리하고 집에 오니
현관이 반쯤 열려있고
자정인데 아내가 환한 얼굴로 맞이한다

왜 이렇게 늦었어요?
비행기 30분 연착 그 정도 늦었네요
열두 시쯤 도착이라 알릴걸
일행들 함께 움직이느라 깜박했오

여행 가방 거실에 던져 놓고
어서 씻으세요 안주준비했어요
아내는 그동안 이런 저런일 이야기
와인 한잔하니 피로가 풀린다

침대에 벌러덩 큰大자로 누우니
여행의 불편함 사라지고
역시 내 집이 최고다.

# 제4부

# 순리

봄 다음 겨울이 오지 않듯이
조바심 낸다고
뿌리에서 바로 꽃피우지 않는다.
순천자는 흥하고 역천자는 망한다.
순리대로 살란다.

# 생각나는 사람

가끔 생각나는 사람
어디서 무엇하며 무슨 생각 할까
구름에 물어보고 바람에 물어도
도리질만 하네

가끔 보고 싶은 사람
힘들 때나 외로울 때 더 생각나고
비 오고 눈 오면 더욱 궁금하여
비, 눈에게 물어도 그런 사람 모른다네

비가 오면 빗줄기 타고 연락 왔는데
마음이 변했나? 어디가 아픈가?
이럴 땐 그냥 하늘에 안부 전한다
잊어라 그런 인연 한 번이면 족하다.

# 메시지 온도

메시지 날리면
바로바로 반응하든 그녀가
두세 시간 지나서 늦게 봤단다

배터리 나갔다고
바빠서 못 봤다고
하루 지나 답장이 오기도 한다

고무줄 같은 긴장은 오래가지 않았고
퍼진 무신경에 거리감이 느껴지더니
그렇게 그렇게 멀어졌다
이제 메시지의 온도를 보면 안다.

내 마음의 숲 국보문인협회 동인지 제37호 2024년 봄호

# 나의 아버지

세상에서 제일 무뚝뚝한 분
나의 아버지 금동 어른
표정으론 읽을 수 없지만
눈을 보면서 오늘을 읽는다

처자식 부양의무 짊어지고
농부 천직 지켜가며
하루 마감 막걸리 한 사발로
사지 육신 달랜다

여간해서 호오好惡 표현 없는 분
부부끼리도 데면 데면
자식과의 대화는 "하지 마라" 뿐
처자식 삼남 일녀의 기둥이었다

살기 위해 만주 땅 이농하고
해방맞아 진해에서 터잡으려는데
고향 형님 별세로 고향땅 지키다가
마누라 여의고 서울로 왔다

건강 위해 생양파 두유 장복하고
말년에 먹는 치매 먹고 또 달라며

일 년 정도 대 소변 못 가리다가
75세에 먼 길 떠나셨다

내마음의 숲 동인문집 제35호 2023년 봄호

# 내 고향 구산龜山

내 영혼이 살아 숨 쉬는 곳
고향의 숨결이 어머니 품속처럼
세월이 갈수록 사무치게 그리운 곳

뒷산 넘어 낙동강 굽이치고
유곡천이 동네 앞 가로지르며
배산임수 경치 좋은 명당 터

기러기 머리 꾀꼬리 덤이 북쪽을 막고
매봉산 가지가 남쪽을 둘러친
좌청룡 우백호의 아늑한 포란형 마을

앞엔 장백산 아래 충효의 입산 마을
전방 서향 높은 미타산 정기 받아
학자 정치인 공직자 문인 사업가 나고

예전엔 60호가 옹기종기 도란도란
세월 따라 시류 따라 도시로 떠나고
옛정 나누던 이웃들 30여 호 남았네

주민들 건강하고 행복한 장수촌
인정 많고 인심 좋은 시골 마을
다시 둥지 틀고 싶은 내 고향 구산龜山

2022. 봄호 국보문학 동인지 33호 내 마음의 숲<br>2022. 11월 의령신문 게재

# 이슬의 기능

땅에서 발산한 수증기와
차가운 밤공기가 응결된 것
풀잎에서 떨어질 때까지
매달린 몸체에 영양분 공급하다
수증기로 승천하고
남는 건 낙수로 지기地氣 돕는다

새벽길 산책에는 신발 바지 적시고
비켜다니기 귀찮지만
지구촌 습도 조절에 필수란다

이슬 참 고마운 존재
빗물도 아닌 것이 눈꽃도 아닌 것이
우주 조화로 밤새 만들어져
만물의 생명수가 된다

월간 국보문학 2023년 10월호

# 시비 입석

시와 숲길 공원 1,000여 기 시비 동산
시인 얼굴까지 비석에 새겨 넣고
유명 무명 별들의 시어 잔치마당
가지각색 빗돌에 언어 예술이다

고인 되고 세우는 줄 알았는데
성급하게 세우는 것 아닌가?
옛날에는 그랬지만
현대엔 생전에 기념으로 세운다네

시인들의 영혼 담은 시비들
누구나 한기 세우고 싶은 충동
문인이 추천하거나 자기가 기념으로
시 한수 각자 하여 입석한다

시비 입석 권유에 손사례 치니
시인의 존재가치 알리는 것
지금 아니면 언제 할 거냐?
원로 시인 강추 좋은 위치에
"가을 실종" 명찰로 한기 세웠다

가는 날이 장날이라 문예춘추 총회 날
한국문인협회 이사장 시비 제막식도 있고

갓 세운 나의 시비도 문인들 축하받았다
등 떠밀려 세우긴 했지만
겸허한 마음으로 더욱 정진 해야겠다.

# 오월은!

오월은 사랑의 달
가슴이 울렁거리고 발가락이 간지럽다
어디론가 가서 꽃향기도 맡고 싶고
녹음을 부비면서 자연과 동화되고 싶다

오월은 신록과 향기의 계절
산도 들도 꽃단장하고 손짓한다
찔레꽃도 아카시아꽃도 향기 날리고
이팝나무와 밤꽃도 아이보리 색칠하며
독특한 향기 토한다

오월은 우리 가슴에 아름다운 꿈과
소소한 소망을 한줌 품어보는 달

오월은 가정의 달이며 은혜의 달
1일은 근로 대중에게 감사하고
5일은 어린이들 사랑에 거름 주는 날
8일은 어버이 은혜에 보답하는 날
15일은 스승의 은혜에 감사하는 날
21일은 부부사랑을 확인하는 날
음력 4월 초 8일 부처님 오신 날도
오월 중에 들어 사대부중이 경축한다

오월은 사랑을 주고받는 달이고
기억하는 달이며 감사하는 달
효도관광 가족여행 나들이도 많아
챙기다 보니 5월은 소비의 달이다.

# 안개의 일생

아침 옥상에 올랐더니
온 세상이 희뿌옇게 덮였네
멀쩡하든 천지가 화선지로 변했다
풍경화를 그릴까? 정물화를 그릴까?

해님이 미소 지으며 내가 할게
도화지에 그림이 그려진다
먼저 능선과 숲을 그리더니
빌딩은 위에서부터 짓고
가로수를 그리고 도로가 생기더니
물기 젖은 도시를 탄생시킨다

세상을 덮었든 화선지를
해님이 삼켰다.

# 낙엽

푸르던 잎새가 붉고 노란 색깔로
봄꽃보다 아름답게 치장하고
단풍이라는 이름으로 사랑받는다

미련 없이 떨어지는 것인지
마지못해 떨어지는 것인지
낙엽에게 물어보니 도리질하며
우주의 섭리에 물어보란다

청춘 더 누리고 싶지만
일 년도 못 사는 생애를 원망하며
계절의 순환에 응답한다

떨어지는 모습은 쓸쓸하지만
쌓인 낙엽들 오순도순 정겹고
낙엽 밟는 소리에 귀가 즐겁다

마지막 잎새는 얼시년스럽고
겨울바람에 나목이 된 가지들이
내년 봄 녹음을 기약한다.

내 마음의 숲 국보문인협회 동인지 제36호 2023년 가을호

# 삼각산

서울의 진산 삼각산
백운봉, 인수봉, 만경봉
삼각을 이루어 붙여진 이름
시인 묵객들 수려함을 읊었다

일제가 백운대라 개명하고
민족정기 꺾으려 철심 박아도
수락, 불암, 관악, 인왕 거느리고
수도 서울 주산 역할 늠름하다

북한산성 12.7km
수문守門과 지휘대 요소마다 치밀하고
녹음과 홍엽 계곡과 암장
춘하추동 계절 따라 순응한다

백운봉 정수리 산객들 부르고
동서남북 조망하니 가슴이 열린다
세계 유일 수도의 높은 명산
성곽 숨결 따라가며 역사를 듣는다.

# 나무의 순응

나무는 심어진 자리가 평생 둥지다
내 힘으로 좋은 곳 이사할 줄 모르고
척박한 땅에서도 잘도 적응하며
잎 피우고 꽃피우고 열매 맺고
뿌리내린 장소에서 최선을 다한다

다른 나무와 좋은 자리 시샘도 없고
빨리 자란다고 질투도 안 한다
늦게 자란다고 멸시하지도 않고
곧거나 굽거나 환경 따라 순응하는
나무는 착한 심성 지녔다.

자신의 자리에 선택의 자유가 없어
불평이나 불만이 없는 바보 같다

2023. 서울국보문학 제2호

# 사계절

언 땅 녹는 봄 오면
개구리가 화들짝 깨어나고
새들 지저귀는 노랫소리에
초목은 움트고 꽃은 피어난다

여름은 녹음방초 계절
온 산야가 청록색 갈아입고
장마라는 자연현상이 지나야
삼복 태양은 용틀임 한다

늦더위 앓고 나니 서리 내리고
내 차례라며 달려오는 황 적 단풍
은빛 억새가 고개 떨구면
가을이 이별을 서러워 한다

스산하게 낙엽이 질 때면
동장군이 겨울 엎고 와서
땅은 얼고 흰 눈이 산야를 덮는다

살기 좋은 봄, 가을
인내 요하는 여름, 겨울
아름다운 금수강산 한반도
사계절 있어 축복이다.

부산 경주대구 문학기행 출품작 2022. 6월

# 파 도

가슴 한번 풀고 싶어
망망대해 바닷가에 섰다

밀려오는 파도 하얀 포말 굴리며
화난 얼굴로 모래톱을 파고드네
큰 덩치로 해변 덮쳐올 땐
위압감에 전율 느낀다

부서지는 물보라 가슴이 후련하고
높은 파랑이 통쾌함 싣고 오네
들숨 죽인 파도 방파제를 쓰다듬고
되돌아가면서 육지 이야기 싣고 간다

잔물결은 사색하기 좋고
높은 파도에 호연지기 키우며
해조음의 노래 듣는다

파도는 바람의 세기에 따라
이름표를 바꾼다.

# 입춘방 문해立春榜 文解

立春大吉 봄을 맞이하여 크게 길하며
建陽多慶 밝은 기운을 받아 경사스러운 일이 많고
瑞氣滿堂 상서로운 기운이 온 집안에 가득 차서
萬事如意 모든 일이 뜻과 같이 이루어지리라.
萬福咸至 만가지 복이 함께 하고
國泰民安 나라가 태평하고 국민이 살기가 편안하며
家給人足 집집마다 사람마다 생활 형편이 만족하고
時和歲豊 항상 화목하고 풍년이 들어 시절이 좋다.
掃地黃金出 땅을 쓸면 황금이 나오고
開門百福來 문을 열면 만복이 들어오며
父母千年壽 부모님은 건강하게 오래 사시고
子孫萬代榮 자손들이 오래도록 영화를 누리리라.
春來不似春 봄이 왔다지만 봄 같지 않다.
입춘방문 모아보니 17가지나 되네 한 절기 중 으뜸이다.

필자는 이 중에 입춘대길과 건양다경은 서예하는 지인들이나 사찰에서 주어서 30여 년 단독주택 출입문에 붙여놓았었다.
2010년경부터 입춘방 써 주는 분들 차츰 없어져 요즘은 안 붙인다.
입춘방 좋은 내용이라 시가 아니지만 해설을 시 처럼 생각하며 한편으로 모았다.

# 북한산 스카이라인

해 뜨는 시간 옥상에서 바라본 북한산
백운봉 인수봉 망경봉 삼각산 세 봉우리
남북으로 뻗어있는 스카이라인 장쾌하다

인수봉 백운봉 망경봉을 내려서면
노고봉 용암봉 동장대 시단봉으로 내리다
대동문 보국문 대성문 대남문 능선으로 빠진다

외적의 침입을 막기 위해 축조된 성곽 타고
보현봉 문수봉으로 솟았다 내리는 능선은
하늘과 아름다운 경계 이룬다

구름에 가려 보일락 말락 하는 아침 경치
세계 어느 곳의 수도에서도 볼 수 없는
코리아 수도 서울만의 풍경이다.

# 첫 눈

나에겐 올해 첫눈이 내린다
흐드러지게 내리는 함박눈
오늘 문학상 시상식이 있는 날
서설瑞雪이 축하의 분위기 고조시킨다

차 있는 곳까지 20초 거리
우산 없어 전신이 눈에 포로가 되었다
습설이라 털어도 옷 적시며 떨어지네

차창에 내리는 함박눈이
봄철 강한 바람에 떨어지는
왕 벚꽃 낙화가 연상되네

쌓이는 눈송이 온동네 덮어
차도 사람도 엉금엉금 거북이 걸음
강 건너 아차산도 눈발에 묻혔다.

한국문학신문 2022. 2. 23자

# 노송

높은 곳 절벽 틈에 뿌리내린 소나무
어림잡아 200년은 되었겠다

어쩌다 여기에 터 잡았을까?
부모 탓 원망도 했겠지

변화무쌍한 천기天氣 몸으로 담고
북풍한설 몰아칠 때 전율했을 그대 느껴본다

낮은 곳에 자리 잡은 키다리 군상들
키 작은 내가 천군만마 연륜으로 군림하며

자존심 상한 세월 잘도 견뎌 왔구나
이제는 해탈한 노승이나 노장의 모습이다

척박한 환경도 잘못 만난 인연으로 수용하고
산다는 건 뿌리를 내리는 것인가 보다.

2022. 2월호 월간 국보문학 시 부문 신인상 당선작

# 미세먼지

아침 운동 위해 옥상에 올랐더니
온 세상 회색이고 가시거리 짧다
오늘 미세먼지 아주 나쁨이란다

눈이 머들 거리고 코가 쾌쾌하고
가슴까지 답답하다
이런 미세먼지 만병 유발한다네

창문도 열 수 없다
이 먼지 자연현상이 20%
80%는 사람이 만드는 인재라네

기상청이 발표하는 농도 수치
나쁨, 매우 나쁨은 집콕 신호
활동할 땐 마스크가 필수다.

# 비 오는 날

비가 오는 날엔
탱고와 어울리는 창밖 분위기가
따끈한 커피 한 잔 유혹한다

머그컵 커피잔의 온기가
연인의 포근한 손길처럼
가슴을 데운다.

은은한 커피 향 한 모금
빗소리는 아름다운 멜로디
커피 한 잔의 낭만을 마신다.

내 마음의 숲 국보문학 동인지 제34호 2022년 가을호

# 낮 잠

점심 먹고 인터넷 새상 헤엄치는데
눈꺼풀이 흰자를 덮는다

탁자에 발 얹고 소파에 기댄 채
눈동자까지 덮고 목이 아플 때까지 즐겼다

잠깐의 오수가 심신을 재부팅 하네
바쁨을 핑계로 휴식을 아끼지 말자

이런 호사 누릴 수 있고
쉴 수 있는 공간이 있음에 행복하다.

2022. 2월호 월간 국보문학 시 부문 신인상 당선작

# 섣달 그믐 밤

음력으로 가는 해의 마지막 날
설날로 이어지는 감회 특별하다

지난해를 반추하는 상념 교차하고
묵은해 보내는 자리엔 아쉬움 자리한다

섣달뿐 아니라 모든 그믐 밤은 캄캄한데
달 없는 자리 별들이 춤을 춘다

오늘 밤새우고 나면 음력 새해
가는 세월 아쉽지만 새로운 해는 반갑다

섣달 그믐 밤 일찍 자면 눈썹 센다고
자정 넘기기 졸음과 인내 경쟁하며
아버지 눈치 보며 애먹든 기억

자고 나면 설빔이 기다리고
조상 제사 모시고 세배돈도 챙겼다
벽에 걸린 새 달력도 반갑다.

# 미혼 자식

칠십 중반의 허리 굽은 어머니
마흔아홉 큰아들 밥상 차려 주고
오십은 안 넘기겠지 눈치 보니
노총각 염치없어 고개만 주억거린다

어머니 눈엔 천지가 색시 감인데
금쪽같은 내 아들 짝 될 여자 그리 귀한가
장롱 속 며느리 줄 패물 만지작거리며
며느리감 손잡고 올 날만 가다린다

답답해 친지들께 호소하면
요새 시집 장가 안 가는 것 흉도 아니라네
영감은 조상에게 면목 없다 자식도 아니라며
무능한 자식 호적에서 파 버리겠단다

딸이라도 시집가서 외손자 안고 오니
그나마 위로는 된다지만
외손자가 친손자만 하다든가
오늘도 퇴근길 대문이 궁금하다.

월간 순수문학 통권365호 2024.4.<br>강북문인협회 솔밭 시화전 출품 2024.10.

# 좋은 나이

인생 70 사회적인 굴레에서 해방되니
걸림 없어 해방감으로 충만하네

연륜이 쌓이면서 배려도 알고
욕심에서 비우는 법도 배우고
삶의 여백을 채울 수 있는 나이가 되었다

왕복 표가 없는 한번 인생
마음이 늙지 않게 더 다듬고
몸도 유연하게 더 조련하고
멋을 즐기는 사람이 잘사는 사람이다

빈 마음으로 관조하며
삶을 멋지게 채색하고
천국이 바로 여기구나 알게 되는
지금이 중년을 구가하기 좋은 나이다.

## 노년예찬 老年禮讚

한 번도 가본 적 없는 초행길
어떻게 가야 되는지 두렵고 불안하고
외로움과 괴로움이 가슴을 파고들 땐
늙음도 괜찮다고 마음을 다잡아 본다

나이 들며 서툴기만 한 방향감각이나
휘청거리는 육신도 정신력으로 버티고
가족과 친구들과 하늘에 기대면서
일출보다 아름다운 노을 길을 걸어간다

가다 보니 간섭 없는 삶이 생각보다 편하고
책임, 의무, 부담 덜어진 홀가분 한 시기
오욕 칠정에서 벗어나 마음을 비우고
남은 만큼에 만족하며 산다

컴퓨터와 휴대폰으로 무료함 달래가며
선진국 문명세계에서 만년에 누리는 호사
지금 살아있음에 감사하고
늙어가는 삶도 참 좋다.

■ 시조

# 몸부림

복학한 대학생의 기분으로 살아가자
연초에 다짐하고 몸부림을 쳐보지만
심신이 따라와 주지 않는것을 어쩌리

유유히 흘러가는 저 구름도 아름답고
고요히 흘러가는 저 강물이 평화롭듯
자연의 섭리를 따라 순응하며 살아가세.

# 순리順理

대자연에는 사계절이 있고
낮과 밤 음과 양이 있다

봄에 씨앗 뿌리고 여름내 키워서
가을에는 수확하고 겨울에는 저장한다

봄 다음 겨울이 오지 않듯이
조바심 낸다고
뿌리에서 꽃피우지 않는다

봄은 탄생이고 여름은 성장이며
가을은 풍요이고 겨울은 휴식이다

만남 뒤엔 헤어짐이 있고
내 뜻과 상관없이 생성소멸한다

노력보다 결실을 욕심내고
여물기 전에 수확하는 것은
순리를 거역하는 것

길이 아니면 가지 말고
도리가 아니면 따르지 말라 했거늘
정의를 수용하는 것이 순리다.

■ 시조

## 설화舌禍


잘 한말 한마디가 천량 빚도 탕감 받고
부주의 한말 한미디가 싸움의 불씨되고
잔인한 한마디 말이 살인도 저지른다

입떠난 나의말이 발 없어도 천리가고
무심히 뱉은말은 주워 담을 수 없으니
세 번쯤 생각한 후에 조심하며 말하자.

# 인생 일흔에

인생 70 넘으면 이성의 친구도 그립고
남녀 구분 없이 부담 없는 친구 만들어
가고 싶은 곳 보고 싶은 곳도 가고
맛집도 점찍어 놓고 식도락 즐기며
남은 인생 후회 없이 즐겁게 살고 싶다

돈도 명예도 사랑도 미움도 놓고 갈 것들
자식들 뒷바라지하고 남은 돈 있으면
자신을 위해 아낌없이 다 쓰고 가자

행여나 가슴에 묻어둔 아픈 사랑 있으면
"당신이 있어 나는 참 행복합니다."라고
진심 담아 전하면 이루어질 수도 있겠지

모든 것에 걸림이 덜 한 나이
자고 싶으면 자고 먹고 싶으면 먹고
일하기 싫으면 놀고 놀기 싫으면 일하고
머물기 싫으면 떠나고 떠나기 싫으면 머물고
늙음이 아니면 어찌 누리고 어찌 맛보랴!

돌려 달라 억지 부려도 돌아올 청춘도 아니고
인욕의 날들이야 추억의 불쏘시개로 족한 것
신명나면 노래하고 춤추면서 인생 즐기자

희로애락 모두 잠시 지나가는 바람이니
서둘지 말고 속도 조절하며
잃어버린 나를 찾아 진정한 사랑 나누며
늙음도 즐기기 나름이다.

# 정월 대보름

정월대보름 일 년 중 제일 큰 달이 뜨는 날
예부터 설, 정월 대보름, 한식, 단오, 추석은
5대 명절로 기념하여 각종 축제해 오던 날

아침에 오곡밥 나물과 함께 마시는 귀밝이술
기쁜 소식 전해달라고 한 잔씩 하는데
부녀자와 아이들은 얼굴이 홍당무 된다

집집마다 순회하며 액운 쫓는 지신밟기
곡식이나 돈 모아 마을 기금 적립하고
윷놀이로 마을 화합을 다진다

낮엔 깡통에 숯 넣고 불 붙여
논과 밭두렁에 쥐불 놓아 해충 예방하고
재는 삭아서 새싹 돋는 밑거름된다

보름달 먼저 보러 뒷동산에 오르고
달빛이 희면 비가 많고 붉으면 흉년든다네
진하면 풍년, 희미하면 흉년을 점치기도 했다

달이 뜨면 액운 쫓고 행운비는 달집 태우며
대보름 둥근달 향해 소원성취 기원하고
달집 기둥은 대길하다 서로 욕심낸다

저녁엔 가족 모여 부름 깨물기
땅콩, 밤, 호두, 잣 나이만큼 먹으면
부스럼 피부병 예방한다는 속설

정월 대보름 기리는 놀이나 행사들
농한기를 보내는 지혜가 번뜩이고
후인들이 세시풍속 계승발전 시킨다.

# 벌써 여기까지

어느 날 거울에 비친 내 모습
머리카락 산정에 핀 억새꽃 같고
인생 계급장 주름은 자글자글
왕성한 식성도 반으로 줄었다.

자식들은 부모 품을 떠나고
친구 찾으니 문밖출입 어렵다네

후회 없는 노년을 위하여
산이 부르면 산으로
물이 부르면 강으로 바다로
함께할 친구들과 호연지기 나눈다

인터넷 바다를 즐겁게 헤엄치다
습득한 지식을 생활에 접목하며
주어진 시간 멋지게 활용하는 것
인생을 의미 있게 보내는 자신감이다

자식들에게 기대하지 마라
기대가 크면 실망도 큰 법
잘 자라 짝짓고 대 이으면 효도
나이 들면 자식들이 울타리 된다

한두 가지의 취미 생활 가지고
진정한 마음 나눌 벗이 있다면
그대의 노년은 바람직한 것

언제 벌써 여기까지
이슬 맺힌 눈가에 가슴 시린 회한
살아온 세월의 뒤안길에 서 있다.

# 제5부

# 시사(時事) 시

시사는 민감한 사안이라 시집에서는 기피하지만
김지하 시인은 과감하게 다루기도 하였다.
공감 할 수 있는 내용들을 모아 보았다.

# 국위와 정치

대한민국 국력은 세계 10위인데
행복 도는 57위 정치가 강등시켰단다

싸움 잘하는 정치인 공천 확률 높아
너도나도 싸움닭이 된다

정치평론가들은
한국 정치가 선진화되기 위해서
보스 제도를 탈피해야 한다네

당론이라는 것이 소신을 이기고
정의와 양심을 이긴다

당리당략을 떠나 공익을 우선하고
개인의 영달 위에 국익을 얹어야
선진국 정치에 버금간다

정권 쟁탈보다 국가 발전이 먼저다
보스의 뜻보다 정의가 바로 설 때
국민의 행복도가 높아질 것이다

정치인 운동권의 종착지로 치부되는 이 나라
정치인 하면 개나 돼지에 비유하는 국민 의식

국민은 1류 기업은 2류 교육은 3류 정치는 4류
정치가 2류 되어 기업을 끌어주는
그런 세상 희망한다

양쪽으로 두 동강 난 정치 구도
국민들만 원수지간으로 만들어 놓았다

양당정치 수용할 수준도 안 되면서
정치 선진국 흉내 내다 망가진 정치 후진국
정권 욕심보다 정치 수준 향상이 먼저다.

# 통일 서둘 것 없다

통일되면 대륙과 연결되어
물류비용 생산 비용 절감되고
남쪽의 기술과 북쪽의 노동력
우수한 두뇌들의 황금 궁합

북쪽의 백두산 남쪽의 한라산
북쪽의 천연자원 지하자원
남쪽의 식량자원 해양자원
둘이 합치면 세계적 강국된다

분단 1세대는 조국 통일 꿈꾸다
한을 안고 그의 이승과 등졌다
후세들은 망향보다 통일기원
아쉽게도 아직은 희망 사항이다

말이 다르고 풍습이 다르고
국민소득 격차 하늘과 땅차이
자유 민주주의와 공산 사회주의
체제가 다르고 이념이 걸림돌이다

민족통합 간절히 기원하지만
통일비용 엄청나고 이질감 너무크다
서둘 것 없이 현 상태 유지하다
여건 성숙되면 그때 하자.

# 네거티브

기면 기고 아니면 그만
마구잡이 음해성 발언이나 행동
주로 저질스러운 정치인들이 애용하는 것
상대를 넘어뜨리려는 야비한 행위지만
선거 때면 판세를 가름할 때도 있다

짧은 기간 횡행하니 해명할 시간이 모자라
당하는 사람에게 엄청난 고통
국민은 영리한데 등신들은 계속 애용하다가
되잡혀 역풍 맞을 때도 있다

나라는 세계가 인정한 선진국인데
걸맞은 문화인의 덕목을 포기하고
네거티브를 행한 자에게 독배를 안기자
공정하고 정의로운 사회 희망 사항이다.

동인문집 내 마음의 숲 33호 2022년

# 적폐라는 것

적폐 청산 이런 것인지 몰랐다
권력 가진 자의 잣대로 재단하는 것
당신들은 그들보다 떳떳한가?

잘하려다 잘못된 것도 적폐로 몰고
정책결정의 오류도 적폐로 몰고
적폐라는 구실로 얼마나 원한을 담았나

적폐 청산으로 나아진 것은 무엇이며
청산된 것은 국민들이 공감하는가
원한만 쌓이고 국민들 분열만 두터워졌다

한정권이 적폐청산이란 명목으로
오징어 낚시하듯 줄줄이 엮어서
고위공직자를 수백 명 이상 구금한 것은
공산주의에나 있음직 한 사례다

정권을 뺏기고 나면 자주 써먹는 말
권력 전횡 독재정치 무슨 정치 비난하며
자기들 권력 시절 행세는 정당화한다
전형적인 내로남불이다

적폐란 오랫동안 쌓인 폐단인데
청산하려면 정의로워야 하는것
지나고 보니 청산이 아니라 보복인 것을
포용 없는 문책과 처벌로 원한만 쌓인다.

## 대국은 대국 다워야

강국들에 둘러싸인 대한민국
중국은 동북공정이란 명목으로
김치를 파오차이로 도둑질하더니
한복까지 자기 것이라 우기고
목판 문화도 자기 것이라 역사왜곡한다

옛날 국경 흑룡강 경계
일본이 중국에 넘겼다네
되돌려야 할 국경 중국 땅 일부
조선의 영토라고 역사는 말한다

일본은 독도 영유권 주장하고
국조 단군을 신화로 만들더니
침략 근성 독도가 전쟁 명분될 수도
우리도 대마도 영토 주장하며
국제여론 조성하자

러시아는 북한 뒷배 노릇
입으로만 핵 억제 정책 공조
유엔에서 사사건건 북한 편들고
국제적 지탄받는 전쟁 놀음한다

조잡한 나라 중국은
인구 14억 땅덩어리 엄청 크지만
대국이라 하기엔 속이 너무 좁다
위정자 역사학자들 기죽지 말고
작지만 큰 나라 대한민국 만들자.

# 불편한 세상

나라가 색갈로 갈라졌다
파란색은 좌파 상징이고
빨간색은 우파 상징이라
치장도 눈치 보며 해야 한다

빨간 옷 입으니 보수냐 묻고
파란 옷 입으니 진보냐 묻는다
빨간 넥타이를 매니 우파냐 묻고
파란 넥타이를 매니 좌파냐 묻는다

성분을 모르는 사람과 만날 때나
평상시 평상복으로는
검정과 흰색이 편한 색깔이 되었다

젊은이들 결혼에도 정치색이 영향받고
지지 정당이 다르면 혼담도 중단된단다
옛날엔 영호남이 만나면 잘 산다 했는데
이제는 짝짓기 앙숙이 되었다

친소관계가 색깔에 좌우되고
호불호가 정치 이념에 흔들리니
선거철 지나면 이혼율이 늘어난다
정치에 휘둘리는 불편한 세상이다.

# 자유는 공짜가 아니다

자유란 좋은 것이다
자유란 참 편한 것이다
자유가 숨 쉬는 곳엔 민주주의가 있고
시장경제와 국민 통합이 있다

나를 위한 자유, 모두를 위한 자유
내외부로부터의 속박이 없는 상태
자유는 국민의 신성한 권리지만
의무를 이행하고 권리를 주장하자

자유에도 질서가 있고 제약도 있기에
향유엔 피와 땀과 눈물이 요구된다
자유는 행복의 중요한 가치이기에
포기하기엔 너무 크다.

# 독립문 역사

대다수 국민들이 독립문은
일본의 압제로부터 독립한 것을
기념하여 세운 것으로 안다

아니다
1392년 이성계의 조선 건국부터
1895년 청일전쟁 청국 패전까지
503년간 청국의 속국으로 지배당해 왔다

청나라의 패전으로 국왕을 대신한 이홍장과
승전국 일본의 천황을 대신한 이등박문이
1895년 4월 17일 시모노세끼 조약에서
"청국은 조선이 완전독립국임을 인정한다"라고
선언함으로서 청의 지배에서 독립한다

청나라 사신 서열이 조선왕보다 높고
청국 조정에 공물을 바치며 머리 조아리고
공물로 데려간 환향녀가 50만 명이나
이런 치욕에서 벗어났다

중국 사대주의로부터 해방을 기념하기 위하여
1897년 서재필 박사가 주역이 되어

모화관을 독립관으로 개칭하고
영은문 자리에 독립문을 세웠다

이후 일본은 조선을 강제 합병하여 36년 지배하며
위안부를 데려가고 강제징집 강제징용 당했다
2차 세계대전 일본패전으로 승전국 미국이
1945년 8월 15일 대한민국을 독립시켜 주었다

8.15만 독립이 아니라 4.17도 독립의 날로 기념하자
그래야 중국의 속물근성에서 벗어날 수 있다.

## 핵核이라는 것

사악한 인간들이 만들어 놓은
인류 최악의 산물
엄청난 파괴력을 가진 물건
일본은 잠자는 사자의 코털을 건드려
단 두방에 세계 제패 꿈 산산조각
얼마나 억울할까

모든 나라가 가지려고 꿈꾸지만
제작도 보관도 어렵고 최고 위험한 물건
공갈 협박하기에는 편리한 물건
위험한 줄 알면서 만들어 놓은 강대국 전유물
가진 자들이 못 갖게 통제하는 아이러니

우크라이나 유엔 상임이사국 약속 믿고
가지고 있던 핵무기 다 내주고 슬슬 기고 있다
인도, 파키스탄, 이스라엘, 북한 잠재적 보유국
온갖 제재 받으면서 만들고 나니
국가 위신 올라가고 대접이 달라지네

보장한다 감언이설 절대로 믿지 마라
5공 때 미국의 압력에 굴복한 것 후회막급이다
우리도 반년이면 만들 수 있다는데

국제제재를 견딜 맷집만 있으면
세습왕조 집단 대응 위해 핵을 만들자
국민들은 쌍수로 환영하며 인내할 것이다

우환덩어리가 언젠가 지구 멸망 초래하겠지
째비도 안되는 것이 인민들 아사 시키면서
핵 만들어 큰소리치는 꼴 너무싫다
힘으로 기술로 국위 선양 위정자의 몫이고
입지적으로 핵 보유가 국민의 자존심이다.

# 한국 땅 탐내지 마라

한국은 지정학적으로 알토란
전략적으론 동북아 요충지
일본은 대륙진출의 발판으로
중국은 해양진출의 걸림돌로

중국은 동북공정, 일본은 역사왜곡
양심 저버리고 침략 근성 안 버린다

과욕에는 반드시 나쁜 결과 오고
덕을 베푸는 곳에 착한 이웃이 있다

남의 나라 무력으로 삼킨 나라
동서양 할 것 없이 온갖 고초 다 겪더라
가진 것에 만족하면 얼마나 좋을까

한때 사대주의에 경도되어
망국의 길도 걸었지만
한국 땅과 민족은 풍수지리상
절대로 없어질 나라가 아니라네
건드리지 마라, 탐내지도 마라.

■ 시집 해설

# 체험과 상상력으로 빚은
# 서정시의 금자탑

김 전 (시인, 문학평론가)

## 1. 프롤로그

　안종만의 첫 시집 『이쯤에 와서』의 출간을 축하한다. 시집 전반에 흐르는 정서는 온화한 봄날 같다. 일상에서 건져 올린 서정시로 동시대인의 삶을 다루고 있다.
　삶은 문학에 투영되고 그 문학이 삶의 궤도를 수정해 주기도 한다.
　안종만 시인의 시를 읽으면 정물화를 보는 것 같다. 시를 쓰는 일은 각자 가면을 벗고 맨얼굴을 드러내는 것이다. 이는 시의 진정성을 드러내기 위함이다.
　안종만 시인의 시집은 시대성과 참신성으로 자신만의 길을 걷고 있다.
　오늘날 시인들의 수는 별처럼 많다고 한다. 수많은 시인이 주옥같은 시를 쏟아내고 있다. 그러나 감동을 주는 시는 찾아보기 힘든 세상이다. 독자의 마음이 메말라서일까? 아니면 작가의 작품에 문제가 있어서일까? 생각해 봐야 할 때다.

청나라 문인 오교는 '산문은 밥 짓는 일이고, 시는 술 빚는 일'이라고 하였다. 같은 쌀이라도 밥은 밥알이 그대로 남아있고, 술은 형체가 없이 숙성되고 만다. 즉 시는 숙성의 과정을 통해 독자들의 마음속에 융해된 고도의 창작물이다. 설익은 밥처럼 숙성의 과정을 거치지 않은 시들이 독자들 앞으로 다가온다면 이는 부름을 받지 못한 불청객이 되어 외면의 대상이 될 것이다.

이 첫 시집 「이쯤에 와서」 구성은 제1부 당신을 느낍니다. 제2부 세월이 가니 바뀌더라. 제3부 나들이의 효과, 제4부 순리, 제5부 시사(時事)에서 100편의 작품이 실려 있다.

안종만 시인은 월간 「국보문학」에서 시와 수필로 등단하였다. 수필집으로 '잘 살고 잘 늙고 잘 죽기' '인생은 도전과 응전이더라'를 펴내어 독자들에게 호응받은 바 있다. 수필집 속에서 작가의 삶을 엿볼 수 있었다.

그는 만만찮았던 지난 시절을 끈기와 용기로 극복했다. 그 삶의 이야기를 수필집으로 펴냈다. 그 속에는 작가의 도전과 응전의 삶이 있었다. 끈질긴 집념과 노력은 성공적인 삶으로 이끌었다. 인간 승리의 드라마를 보는 듯했다.

안종만 시인의 작품은 체험과 상상으로 이루어져 있으며, 여기에 농축된 문학의 옷을 입혀 감동을 자아내고 있다.

## 2. 숙성된 사유의 얼굴들

虛空에 그려본 당신 얼굴이
우울해 보여 포근히 안아 주고 싶은데
옆에 없어 그리움만 태웁니다
수줍은 웃음 띤 얼굴에서
당신 안에 내가 있음을
보았습니다
당신 숨결의 온기가 바람 타고
그리움 싣고 오네요
그대 마음 머무는 깊은 곳에
나의 사랑 살며시 포개어
당신의 체온을 느껴 봅니다.
「당신을 느낍니다」전문

코끝이 찡하도록 그리운 스토리를 시적으로 승화시킨 작품이다. 작가의 상상력은 내면화 방식을 통해 거듭난다.

"당신 안에 내가 있음을 보았습니다." 표현이 참신하다.

인간적인 그리움을 다양한 어조로 정감 있게 이끌고 있다.

삶의 무게를 조용히 움직여 보려는 시로, 그리움이라는 매개체를 통해 독자를 사고의 장으로 이끌고 있다.

자신의 심적 움직임을 차분히 탐색해 보는 태도가 돋

보인다.

늘 가까이 있는 배우자나 가족, 친한 친구가 어느 날 홀연히 내 곁을 떠난다면?

그때는 평범했던 일상들이 사무치는 그리움으로 다가올 것이다.

나이가 들어가면서 마지막까지 함께할 수 없는 인연은 그리움만 남긴다, 앞서거니 뒤서거니 서로의 곁을 떠날 때를 상상해 보면 지금이 바로 행복인 것을 느낄 수 있고. 독자의 가슴에 잔잔한 울림을 줄 수 있는 작품이다

> 청소년기 청운의 꿈을 심던 곳
> 보고 싶고, 그리움 채우려 왔더니
> 나 떠나고 야금야금 떠났다 하네
> 오매불망이 어매! 실망이로구나
> 아름다운 추억들을 소환하니
> 곱고 아린 사연들이 꿈틀거린다
> 고향은 어머님 품 같은 곳
> 내가 사랑하는 사람들이 살았고
> 친구 친지들의 정서가 어려있는 곳
> 젊음이 떠난 고향은 삭막한 촌락
> 벌초 명절 성묘 아니면 갈 일 없고
> 오고 싶은 이유가 실종됐다.
> 　　　　　　「고향에 오고 싶은 이유」 전문

고향이란 많은 독자의 공감을 불러일으킬 수 있는 소재다. 이런 이점으로 고향은 시의 좋은 재료가 돼 왔다.

추억 속에는 고향 산천의 아름다움이 산수화로 마음의 벽에 걸린다.

고향의 산과 들을 뛰놀며 소먹이고, 물고기 잡던 추억은 노년의 고개에서도 잊을 수 없다. 그때 그 친구는 어디 갔을까?

"내가 사랑하는 사람들이 살았고/ 친구 친지들의 정서가 어려있는 곳."

작가는 그리움의 대상을 찾아 고향을 찾는다. 그러나, 그립던 고향은 이미 떠나고 없었다.

"나 떠나고 야금야금 떠났다. 하네."

정다운 사람들은 모두 떠나고, 휑하니 낯선 모습의 고향을 마주한 작가는 크게 실망하게 된다.

"오매불망이 어매! 실망이로구나!"

실망감을 주체하지 못해 오히려 헛웃음을 날리고 있다.

"어매!" 해학적인 표현이다. 이 짧은 단어 속에 작가의 개성이 보인다.

'곱고 아린 사연들만 꿈틀거린다는 표현 속에 작가의 마음이 녹아 있다.

이제 마음속 고향은 사라져 버렸다. 그렇게도 찾고 싶었던 고향은 저 멀리서 손짓하고 있다. 이 마음을 실향민은 알리라.

수몰로 인해 고향을 물속에 묻어둔 사람이 있다. 또 북에다 고향을 두고 그리움으로 눈이 짓무른 사람도 있다. 이렇게 갈 수 없는 고향은 그리움에 지쳐 재가 되었다. 그러나 고향에 가서도 고향을 느끼지 못한 작가도 비슷한 심정이라면 지나친 생각인가?

여름 장마 끝에 옥상에 올라보니
며칠 전까지 잎이 무성하던 부추가
대궁이 생기고 몽우리가 맺힌다
비 오는 날이면 가끔 일찍 들어오세요
해물 부추전 해 놓을게요
막걸리 한 병 가져오란다
풋내와 오징어 조개 조합에 반주가
빗소리와 환상의 궁합이던 것을
게으름 피우다 한 가지 식도락이 사라졌다
내년에 다시 푸르름 안고 오겠지.
「계으름의 산물」 전문

옥상에 심어둔 부추가 수확 시기를 놓쳐 대궁이가 생기고 몽우리가 맺혀 흉한 꼴이 되었다. 며칠 전까지도 보드라운 잎사귀를 자랑하던 부추였는데….

부추를 보면 부추전이 생각나고 뒤이어 막걸리 생각도 간절하다. 오징어. 조개 섞어서 구운 부추전은 생각만 해도 군침이 돈다. 여기엔 꼭 막걸리가 따르기 마련이었다.

비 오는 날이면 그 가치는 하늘을 찌른다.

그게 잠깐 사이에 망가져 버렸다.

기회를 놓친 데 대한 아쉬움을 부추라는 상관물을 통해 표현했다.

관찰력이 예사롭지 않다. 작품을 통하여 삶의 방향과 교훈을 제시하고 있다.

모든 일에는 때가 있는 법이니, 시기를 놓치면 안 된다고 다지고 있다.

해장국이나 순댓국에 소주면 어때
추억들 소환해서 호연지기 나누고
부담 없는 벗 너무 반갑다
해물파전 빈대떡엔 막걸리가 찰떡궁합
학창 시절 불러내어 파한 잡담 꽃피우며
그립던 친구들 모이니 시간이 짧다
자장면이나 탕수육엔 고량주가 제격
찐했던 사랑 담 음담패설 주고받으며
와자지껄 웃음 속에 시간을 죽인다
술친구는 진정한 친구 아니라지만
술잔 나누며 쌓은 우정 허물없더라
주안상이 빠진 자리 대화가 빈곤하다
예부터 술과 친구는 오랠수록 좋고
배려와 존중으로 상호 예의 지키며
편한 친구 만나는 그곳이 낙원이다
「편한 친구」 전문

평범한 일상에서 시의 소재를 찾아내 한 편의 시로 우뚝 섰다.

친구란 없어서는 안 될 귀한 존재이기도 하지만, 그렇지 않은 예도 있다.

여기서 작가는 편한 친구라는 조건을 내 세우고 있다.

순댓국에 소주! 이 얼마나 서민적인가?

허름한 술집이라도 좋다. 순댓국에 소주 한잔이면 족하다. 주거니 받거니 술 한잔 나눌 수 있는 편한 친구가 그리운 것이다. 어떤 날에는 짜장면이라도 좋고, 탕수육에 고량주까지 발전하면 더욱 좋다. 여기서는 수준 높은 정치 담론이나 깊이 있는 학문을 논할 필요가 없다. 그저 왁자지껄 호연지기를 나누고, 술이 거나해지면 사랑담, 음담패설도 용인된다.

한바탕 왁자지껄 떠들다 보면 시간이 짧다. 여기에 주안상이 빠진다면 자리가 얼마나 빈곤하겠나?

술과 친구는 오랠수록 좋다고 했다. 오랜 친구는 아무 말이나 어떤 행동도 용납된다. 오랜 친구, 편한 친구와 있으면 사랑의 강물이 흘러넘치리라.

일상적인 삶을 수수한 이야기로 엮어놓았다. 정감이 가는 작품이며 공감이 간다.


사는 것이 버거울 땐

동토에 돋아나는 새싹을 보라
질긴 생명력을 느낄 것이다
녹음방초 우거진 숲에 가면
새소리 물소리 자연의 화음이
움츠렸던 어깨를 치켜세울 것이다
만물이 생동하는 모습을 보면
새 삶의 열정이 움틀 것이다
우여곡절 없는 삶이 어디 있더냐
희로애락은 느낀 만큼 내 것인 것
빈손으로 와서 얻은 것은 모두 덤이다
사는 것이 힘들 땐
하늘을 향해 크게 포효해 보라
털어낸 만큼 마음도 가벼워지리라
「사는 것이 버거울 땐」 전문

삶에 지친 자에게 시원한 생수로 다가오는 작품이다.

작가는 자연 속에서 해법을 찾는 방법을 택했다.

빈손으로 온 인생이니, 향유하고 있는 모든 게 덤이 아닌가?

받은 것이 없다고 원망만 하고 있을쏘냐? 없어도 위축되지 말고 당당하게 살아가라는 메시지를 던지고 있다.

가진 것을 계수해 본다면 하루 종일 헤아려도 다 못 헤아릴 것이다.

생활 속에서 얻은 삶의 가치를 문학적으로 접목한 역량이 남다르다.

인생의 황혼기에서 돌아보면 버겁게 살아왔던 영상이

파노라마가 되어 떠 오를 것이다. 이제는 자아 성찰의 단계까지 발전했다.

"하늘을 향해 크게 포효해 보라/털어낸 만큼 마음도 가벼워지리라."

나름대로 자기만의 삶의 지혜를 터득하고 있다.

세상 속에서 피어나는 꽃봉오리처럼 독특한 삶의 방향을 제시하고 있어, 교훈적인 시로 자리매김하고 있다.

매일 출근하며 갔다 올 게 하면
다녀오세요, 저녁은?
일찍 들어오면 준비하겠다는 물음이다
아침의 배웅은 잘 다녀오라는 격려
아내들이 부러워하는 1식이 남편
남편이 안 먹으니 혼자서 헐 먹어
영양실조 걱정되어 가끔은 함께한다
그 자리에서 가정 지키며
옆에서 부대끼며 사는 사람
귀가하면 언제나 볼 수 있는 사람
한 식탁에서 한 그릇에 밥 비벼 먹고
밥상머리에 가정사 나누는 사람
가문의 혈통을 이어준 보물단지
너무 가까워서 귀한 줄 모른다
티격태격 싸우고 토라졌다가도
다시 나란히 누워 자고
둘이 나이를 더하면서

「아내」일부분

아내에 대한 사랑이 절절하다. 모든 남편의 귀감이 되리라.

아내가 남편에게 베푼 일상적인 사랑의 모습을 대부분 남편은 지나치고 만다. 당연한 걸로 생각하고 하찮게 여기기까지 할 수 있다.

이런 소소한 행동을 작가는 높이 평가하고 있다. 모든 아내에게 박수를 받을만하다. 또한 남편들에게는 경종을 울리는 계기가 되리라.

작품 속에 녹아 있는 정서는 봄날 아지랑이 같이 포근하고 환상적이다.

시인은 때로는 병든 사회를 치유하는 의사가 되기도 한다.

작가는 이 작품을 통해 이 사회에 들불처럼 퍼지고 있는 가정 경시 풍조를 바로잡는 데 한몫하리라 본다.

전통 가정의 윤리가 무너지고 비혼, 이혼이 늘어나는 현시대에 문제점을 제시하고 있다.

가정의 기본은 부부에서 출발하는 것은 당연한 이치다. 남편이 아내를 아내가 남편을 끔찍이 사랑하면 그 가정은 성공한 가정이다.

가정은 사회의 기본 단위니만큼 가정이 바로 서면 이 사회가 바로 설 것이다.

아내를 바라보는 시인의 시선과 상상력이 신선하고 따스하다. 진솔한 표현도 돋보인다.

좋은 옷보다 편안한 옷이 좋고
화려한 생활보다 소박한 삶이 좋고
욕심 줄인 그 자리 마음이 편하더라
복잡한 것보다 단순한 것이 좋고
도시보다 한가로운 시골이 좋고
똑똑한 사람보다 편안한 사람이 좋더라
멋진 신발보다 편한 신발이 좋고
거친 바다보다 잔잔한 강물이 좋고
도수 높은 양주보다 막걸리가 좋더라
크고 비싼 차보다 중형차가 편하고
아파트보다 단독주택이 편하고
시류에 영합하며 지혜롭게 사는 거다.

「세월 가니 바뀌더라」 전문

관찰력과 사색의 수준이 높다. 내면의 서정을 형상화한 점도 수준급이다.

시인은 보이지 않는 부분까지 볼 수 있어야 하고 또 들을 수 있어야 한다.

인생을 바라보는 자세가 바람직하다. 인생의 의미를 나름대로 정리해서 형상화 과정을 그쳤다.

세월이 가면서 젊은 시절의 혈기와 과욕을 가져가 버렸다. 그 뒤에 남은 것은, 차분하게 생을 관조하는 일이다.

좋은 옷보다 편안한 옷이 더 좋고, 화려한 생활보다 소박한 삶이 더 좋다고 했다.

세월은 젊음을 가져가지만, 그 자리에 지혜를 놓고 간다. 중년을 훌쩍 넘기고 노년으로 접어드니, 모든 게 한 템포 늦어진다.

느긋하게 살아가는 여유가 생겼다.

시인의 진술과 묘사를 따라가 보면 낯설지 않다. 이는 독자와 시인이 하나가 되었다는 뜻이다.

이 작품은 독자를 질펀한 사유의 늪으로 인도하고 있다.

밤 10시 습관처럼 잠자리에 들면
통상 반 시간 내 잠드는데
오늘은 눈만 감았지 뇌는 뜨고 있다
수면 자세도 바꿔보고 별짓을 해도
잡념 한 아름 푸느라 잠을 설친다
이러다 날밤 새울라 원고나 보자
초고 보니 많이 부족하네
퇴고하고 새김질하니
괜찮은 글이 되어 폴더에 저장한다
동공에 막이 내려 잠을 소환하니
새벽 2시 잔상이 아른거리더니
숙면의 세계로 들어갔다
잠 못들어 뒤척일 때 글공부했으니
불면증이 가져온 수확도 있구나
결산은 늦잠과 시 몇 편 퇴고였다
「불면의 산물」 전문

잠 못 이루고 밤새워 사고하는 인간 모습을 그리고 있다. 로댕의 "생각하는 사람"이라는 조각품처럼.

프랑스의 철학자 '데카르트'도 "나는 생각한다. 그러므로 나는 존재한다."라고 했다. 또 인간을 생각하는 갈대라고 했던가?

시인은 잠 못 이루는 밤에 생각의 성을 쌓았을 것이다.

시를 쓰고, 또 퇴고 하고….

한 편의 영상이 된다. 이 시간 시인은 문학에 몰두하고 있다.

이 얼마나 멋진 삶인가?

불면도 나쁜 것만은 아님을 말하고 있다.

소재 선정의 참신성과 밀도 있는 구성으로 작품성을 높이고 있다. 이렇게 삶이 투영된 작품은 힘이 있다.

시인은 자기만의 세계를 구사해 나가며 일상에서 예리한 관찰력으로 창작에 임하고 있다.

불면의 밤에도 삶을 관조하며 참가치를 찾아내, 삶의 방향을 제시하고 있다. 체험을 매체로 관찰하여 감각의 옷을 입혀나가고 있다. 시상을 펼치는 힘과 능력이 있는 시인이다.

일주일이 멀다 하고 술잔 부딪히든 벗
바이러스 창궐로 삼 년간 못 만나니
얼굴도 이름도 가물가물
시간 흘러 기억에서 멀어진 인연들
잊혀진 사람 되어선 안 된다고
내가 먼저 챙겨야 으뜸 친구지
오라는 사람 없고 갈 곳도 없다면
외롭고 쓸쓸한 외기러기 신세
잊혀지면 연락처에서 사라진다
자기관리 이웃 관리 철저히 하고
유대 위해 인연 줄 이어가는 사람이
만인에게 기억되는 사람이다
「잊혀진 사람」 전문

문학은 시대상을 반영하며 시대의 아픔을 글로 나타내는 언어예술이다.

유례없는 코로나 창궐로 삼 년 동안 영어囹圄의 몸이 되었던 때를 떠 올려 본다.

친구도 친척도 만날 수 없는 세상에서 조롱에 갇힌 새 신세가 됐었다.

거리에는 외로움만 쌓여가고 집안에 칩거한 사람들은 숨이 막히는 시간을 견뎌내야 했다.

코로나는 삼 년이란 세월을 삼키더니 슬그머니 꽁무니를 빼내고 있다. 아직도 그 잔당은 남아있지만, 그 세력은 미미한 존재로 전락했다.

소원했던 시간이 지나니, 친구의 얼굴도 가물가물 멀어지고 있다.

시인은 이를 극복하고자 일어섰다. 끊어진 인연 줄을 다시 이어보고자 먼저 친구에게 다가간다.

연락하고, 만나고, 솔선해서 인연을 이어간다.

지칫, 잊혀진 사람이 될 수도 있으니, 내가 먼저 나서야겠다는 다짐이다.

잊혀진 사람이 된다는 것은 슬픈 일이기 때문이다.

1960년대 2남 1녀 황금률이었다
막내아들 결혼할 때까지 38년
자식 뒷바라지 등골 휘었다.
이놈들 언제쯤 품을 떠날까
잘 자라준 놈들이 짝 맞추어 나가고
복닥거리든 둥지에 부부만 남아있네
떠나고 보니 그때가 살맛 나는 걸
3세들 낳아 양육에 부대낄 때
엄마 건강이 허락지 않았고
허덕이는 삶이 안타까웠다.
미혼 비혼이 50%에 달하는
국가 인구정책 비상 시기에
결혼하여 3세들 생산한 아들 딸
조상에 효도 국가에는 충성했다
명절에 모여 조상 제사 모실 땐
자손들에 보학교육 덕담하며
온갖 세파 지혜롭게 헤쳐가며

살아가는 너희들이 고맙다
부모 노릇에 자식 노릇 화답한다
「부모 노릇」 전문

  부모의 책임은 천금보다 더 무겁다. 가장은 자녀와 아내를 어깨에 메고 그들의 안위와 행복을 책임져야 한다. 막중한 임무를 부여받았다.

  안종만 시인은 2남 1녀를 둔 행운아다. 처음부터 자식 복을 타고났다. 그 자식 키우느라 등골이 휘어도 마냥 행복하다. 고생도 끝이 있기 마련인지라 자식들은 잘 자라서 짝을 맞추기까지 했다. 또 고맙게도 손자 손녀까지 낳았으니, 이보다 더 큰 행복이 어디 있을까?

  미혼, 비혼이 절반을 차지하는 시점에서 시인의 가정은 복을 듬뿍 받았다고 해야 할 것 같다.

  "조상에 효도, 국가에 충성했다."

  정말 맞는 말이다. 인구 절벽 시대에 이런 가정은 국가에 충성한 셈이다.

  생활 현장에서 진지하게 사색하고 있다. 메시지 전달도 깔끔하다.

  이 시대를 반영하는 작품이라 미래의 산 역사의 증거가 되리라 믿는다.

세월은 가는 것이 아니고
오는 거래요
봄이 오고 여름이 오고
가을이 오고 겨울이 오지요
꽃들이 가면 열매가 오고
젊음이 가면 노년이 오네요
가는 줄만 알고 서운해했는데
오는 세월이니 반가이 맞이하자
「세월이 오네요」 전문

"세월은 가는 것이 아니고, 오는 거래요."

참신한 메시지다. 시인의 관찰력이 돋보인다. 삶에 대한 진지한 사유가 독자를 공감으로 이끌고 있다.

세월이 간다고 생각하면 마음속에는 허무나 아쉬움만 남는다. 그러나 세월이 온다고 생각하면 희망만 있을 것이다. 봄이 오고, 여름도 오고, 젊음이 갔으니, 노년도 온다. 그러면 죽음도 담담하게 맞을 수 있지 않을까?

참신한 소재와 선명한 이미지가 공감을 주고 있다.

생각을 어떻게 하느냐에 따라서 의미가 달라진다. 긍정적인 생각은 긍정을 낳고 삶에 있어서 활력소가 된다.

의미를 어떻게 부여하느냐에 따라서 우리의 모습도 달라질 것이다.

리듬감 있는 작품이다. 각운 '요'가 반복되면서 시적인 맛을 더해 주고 있다.

가끔 생각나는 사람
어디서 무엇하며 무슨 생각 할까
구름에 물어보고 바람에 물어도
도리질만 하네
가끔 보고 싶은 사람
힘들 때나 외로울 때 더 생각나고
비 오고 눈 오면 더욱 궁금하여
비, 눈에게 물어도 그런 사람 모른다네
비가 오면 빗줄기 타고 연락 왔는데
마음이 변했나? 어디가 아픈가?
이럴 땐 그냥 하늘에 안부 전한다
잊어라 그런 인연 한 번이면 족하다.
「생각나는 사람」 전문

문학은 인간에 대한 탐구다. 시적 대상이 무엇이든 그 대상을 재해석하여 인간의 모습을 반영한다.

가끔 생각나는 사람, 가끔 보고 싶은 사람, 인연을 맺었다가 떠나간 사람에 대한 그리움은 시적 발상의 출발이다. 힘들고 외로울 땐 자연과 벗하며 떠난 인연을 생각한다. 시적 긴장미가 마지막 구절에서 반전한다.

"잊어라 그런 인연 한 번이면 족하다."라고 체념으로 내려놓는다.

나이 들면 외로워진다. 늙어서 친구가 없다는 게 고통스럽다고 한다. 통계에 따르면 한국이 노인 자살률 세계 1위다. 원인은 고독사라고 한다.

현실 문제를 대상으로 시를 쓰는 것은 바람직하다.

25시 작가 게오르규는 시인이 괴로워하는 사회는 병든 사회라고 한다. 현실에서 아픔을 노래하고 희망을 주는 것은 시인의 사명이 아닐까?

꼭꼭 씹어봐야 할 것이다.

    세상에서 제일 무뚝뚝한 분
    나의 아버지 금동 어른
    표정으론 읽을 수 없지만
    눈을 보면서 오늘을 읽는다
    처자식 부양의무 짊어지고
    농부 천직 지켜가며
    하루 마감 막걸리 한 사발로
    사지 육신 달랜다
    여간해서 好惡(호오) 표현 없는 분
    부부끼리도 데면 데면
    자식과의 대화는 "하지 마라" 뿐
    처자식 삼남 일녀의 기둥이었다
    살기 위해 만주 땅 이농하고
    해방맞아 진해에서 터잡으려는데
    고향 형님 별세로 고향땅 지키다가
    마누라 여의고 서울로 왔다
    건강 위해 생양파 두유 장복하고
    말년에 먹는 치매 먹고 또 달라며
    일 년 정도 대 소변 못 가리다가
    75세에 먼 길 떠나셨다
                         「나의 아버지」 전문

고요한 울림으로 다가오는 나의 아버지! 아버지의 생애를 아버지가 되어서 되돌아본다.

농부를 천직으로 지키며 살았던 아버지다. 3남 1녀라는 무거운 짐 짊어지고 묵묵히 걸어온 아버지를 생각하면 목이 멘다.

아버지의 성격묘사가 잘 되어있다.

파도 같은 삶을 헤치면서 쉬지 않고 달려왔다. 무뚝뚝한 아버지의 모습이 눈에 선하다. 가정을 지키기 위하여 황소처럼 일만 한 아버지는 가정과 나라의 기둥이었다.

만주에서 진해로 와서 고생만 하다가 돌아가신 아버지!

험난한 삶을 징검다리 건너듯 하다가 훌쩍 떠나버린 아버지의 모습이 선명한 이미지로 다가오고 있다.

행간에 따스한 아버지의 사랑이 묻어나고 있다.

"말년에 먹는 치매 먹고 또 달라며…." 치매로 시달리다가 쓸쓸하게 떠나신 아버지는 우리 모두의 아버지였다.

동시대를 살아가는 사람에게 감동과 공감을 주기에 충분한 작품이다.

나무는 심어진 자리가 평생 둥지다
내 힘으로 좋은 곳 이사할 줄 모르고
척박한 땅에서도 잘도 적응하며
잎 피우고 꽃피우고 열매 맺고
뿌리내린 장소에서 최선을 다한다
다른 나무와 좋은 자리 시샘도 없고
빨리 자란다고 질투도 안 한다
늦게 자란다고 멸시하지도 않고
곧거나 굽거나 환경 따라 순응하는
나무는 착한 심성 지녔다.
자신의 자리에 선택의 자유가 없어
불평이나 불만이 없는 바보 같다
「나무의 순응」 전문

나무를 의인화하여 나무의 속성을 말하고 있다. 나무라는 대상을 시인의 눈으로 탐구하여 그 대상을 재해석하고 있다. 나무에 배워야 할 점을 제시하고 있다.

혼란하고 시끄러운 인간 세상에 교훈을 던지는 작품이다. 여기서 나무의 장점을 찾는다면 1. 한 곳에서 산다. 2. 척박한 땅에서 꽃피우고 열매 맺는다. 3. 최선을 다한다. 4. 시샘이 없고 질투도 없다.

5. 멸시하지 않는다. 6. 환경에 순응한다. 7. 불평이나 불만이 없다.

우리가 무심코 지나쳐 버릴 수도 있는 소재도 시인은 놓치지 않았다. 대상을 시적으로 승화시킨 점이 훌륭하다. 나무처럼 살아간다면 세상은 맑고, 밝게, 정의롭게 될 것이다.

   사유의 깊이가 있는 작품이라 이를 계기로 사회 개조가 이루어졌으면 한다.

> 가슴 한번 풀고 싶어
> 망망대해 바닷가에 섰다
> 밀려오는 파도 하얀 포말 굴리며
> 화난 얼굴로 모래톱을 파고드네
> 큰 덩치로 해변 덮쳐올 땐
> 위압감에 전율 느낀다
> 부서지는 물보라 가슴이 후련하고
> 높은 파랑이 통쾌함 싣고 오네
> 들숨 죽인 파도 방파제를 쓰다듬고
> 되돌아가면서 육지 이야기 싣고 간다
> 잔물결은 사색하기 좋고
> 높은 파도에 호연지기 키우며
> 해조음의 노래 듣는다
> 파도는 바람의 세기에 따라
> 이름표를 바꾼다.
>
>                         「파도」전문

   망망대해 바닷가에 서서 하얀 포말을 굴리며 밀려오는 파도를 바라본다. 자연에 대한 경외감을 느꼈으리라.

   "큰 덩치로 해변을 덮쳐올 땐 위압감에 전율을 느낀다."

파도, 바다, 이런 대자연 앞에 서면 인간은 나약한 존재다. 위대한 대자연을 보며 위압감을 느낀다. 때로는 통쾌함을 느끼기도 한다. 또 대자연인 파도처럼 호연지기도 키운다고 했다.

파도치는 바다를 보며 밀려오는 심적 변화를 심도 있게 잘 나타냈다.

파도라는 관조 대상을 통해 자신의 존재를 찾아내기도 했다.

파도에 감정이입을 통하여 시적 미감을 높이고 있다.

체험과 관찰을 통하여 새로운 의미를 만들어 내고 있다.

'들숨 죽인 파도 방파제를 쓰다듬고/ 되돌아가면서 육지 이야기 싣고 간다.'에서 개성적인 목소리로 상상력을 극대화해 놓았다. 재미를 주는 작품이다.

> 비가 오는 날엔
> 탱고와 어울리는 창밖 분위기가
> 따끈한 커피 한 잔 유혹한다
> 머그컵 커피잔의 온기가
> 연인의 포근한 손길처럼
> 가슴을 데운다.
> 은은한 커피 향 한 모금
> 빗소리는 아름다운 멜로디
> 커피 한 잔의 낭만을 마신다
> 「비 오는 날」전문

작가는 비 오는 날 창밖을 내다보며 이미지를 그리고 있다.

한 폭의 수채화처럼….

시적 상상의 폭을 넓혀가면서 서정의 늪으로 독자를 인도한다.

빗소리를 "탱고"로 표현한 점은 놀랍다. 아름다운 멜로디가 들려오는 듯하다. 개성적인 표현이다.

음악적인 분위기가 느껴지며, 풋풋한 서정시의 진수를 보여주고 있다.

이 작품의 분위기는 낭만적이다. 리듬감이 있어 읽기 좋은 시다. 이 시를 대하면 온유한 서정의 물결이 잔잔하게 일어난다.

詩란 정서의 표출이다. 다시 말한다면 느낌의 표현이다. 또 새로운 이름 붙이기다. 아름다운 작품으로 서정의 극치를 보여준다.


점심 먹고 인터넷 세상 헤엄치는데
눈꺼풀이 흰자를 덮는다
탁자에 발 얹고 소파에 기댄 채
눈동자까지 덮고 목이 아플 때까지 즐겼다
잠깐의 오수가 심신을 재부팅 하네
바쁨을 핑계로 휴식을 아끼지 말자
이런 호사 누릴 수 있고
쉴 수 있는 공간이 있음에 행복하다

「낮잠」 전문

오수를 즐기는 평화로운 모습을 잘 나타내고 있다.

낯설기 기법으로 시의 참모습을 보여주고 있다.

"눈꺼풀이 흰자위를 덮는다. 심신을 재부팅 하네." 등은 참신한 시어다.

현대적인 감각으로 나타낸 작품이다.

시인은 언어의 연금술사란 말이 실감 난다.

인터넷에 빠진 현대인이 그 휴식의 방법을 낮잠에서 찾아낸다.

잠깐 자고 났더니 심신이 부팅되어 에너지가 살아나고 있다.

휴식의 중요함을 나타내고 있다. 바쁘게 살아가는 현대인에게 쉬어 가라는 메시지를 남긴다.

삶 자체가 시이며 시가 곧 삶이다. 삶 속에서 주옥같은 작품을 끌어내는 시적 능력이 돋보인다.

칠십 중반의 허리 굽은 어머니
마흔아홉 큰아들 밥상 차려 주고
오십은 안 넘기겠지 눈치 보니
노총각 염치없어 고개만 주억거린다
어머니 눈엔 천지가 색시 감인데
금쪽같은 내 아들 짝 될 여자 그리 귀한가
장롱 속 며느리 줄 패물 만지작거리며
며느리감 손잡고 올 날만 가다린다
답답해 친지들께 호소하면
요새 시집 장가 안 가는 것 흉도 아니라네

영감은 조상에게 면목 없다 자식도 아니라며
　　무능한 자식 호적에서 파 버리겠단다
　　딸이라도 시집가서 외손자 안고 오니
　　그나마 위로는 된다지만
　　외손자가 친손자만 하다든가
　　오늘도 퇴근길 대문이 궁금하다
　　　　　　　　　　　　「미혼 자식」 전문


　미혼 자식이 늘어나고 있다. 한 집 건너 한집에는 미혼 자식 한 명쯤을 양념으로 두고 있다.
　나이 40을 넘기고 50을 넘긴 미혼 자식이 결혼할 생각을 안 한다.
　보통 문제가 아니다. 이런 자식을 둔 부모는 속이 숯덩이가 된다.
　기다림에 지쳐가지만, 뾰족한 수가 없다. 채근하고, 닦달하고, 윽박질러도 보지만 희망은 절망이 된다.
　오죽하면 호적에서 파 버리겠다고까지 하겠나?
　그러나 미혼 자식 입장도 만만찮다. 결혼을 안 하는 게 아니라 못하는 거다.
　직장이 변변찮고, 힘들게 가정을 꾸릴 능력도 없다.
　인구 절벽 시대에 해결해야 할 큰 문제다.
　예리한 관찰력으로 현시대의 문제점을 잘 짚어내고 있다. 시인이 해야 할 임무가 바로 이런 것 아니겠나?
　"오늘도 퇴근길 대문이 궁금하다."

멋진 표현이다. 짝을 데리고 오기를 기다리는 부모의 마음을 한마디로 잘 나타냈다.

### 3. 에필로그

 시인은 체험과 상상력으로 작품을 만들어 낸다. 시인은 남다른 관찰력이 선행돼야 한다. 그 후엔 대상과 깊은 교감이 이루어져야 한다.
 여기서 문학적 사유는 과거, 현재, 미래를 아우르며 폭넓게 접근 해나가게 된다.
 또 시인은 현 시대적 문제점에 접근해서 병든 사회를 치유하는 역할도 담당해야 한다. 여기에 문학적 기교까지 곁들인다면 금상첨화다. 농익은 작품을 창작한다는 것은 시인으로서 원숙미에 도달했다는 뜻이다.
 그런 의미에서 안종만의 작품은 푹 삭은 김치처럼 숙성된 작품이다.
 안종만 시인의 첫 시집 『이쯤에 와서』는 다양한 얼굴로 나타난다.
 제1부에서 대인관계, 제2부에서 자연의 변화, 제3부에서 여행을 통한 힐링, 제4부에서 자연의 순리 제5부에서 정치 사회에서 공감할 내용 등을 다루고 있다.
 그의 내면에는 공통으로 사랑의 정서를 듬뿍 담아내고 있다. 아버지, 아내. 친구 등을 동원하여 각양각색의 무

늬를 나타내고 있는 것이 특징이다.

그의 작품은 체험에서 우러나오고 있다. 진솔한 목소리로 독자의 가슴에 감동의 파문을 일으킨다.

안종만 시인의 삶은 성실을 밑바탕으로 끊임없이 노력하는 의지의 인간이다. 그는 지금 지난날의 어려움을 모두 이겨내고 세인들의 추앙을 받을 위치까지 오게 됐다. 그의 성공 스토리는 그의 수필집에서 찾으면 될 것 같다.

문학계에서는 수필가로 시인으로 우뚝 선 모습이 자랑스럽다.

이번에 출간하는 첫 시집 『이쯤에 와서』는 그동안 안종만 시인을 아끼던 지인뿐만 아니라 평범한 일상을 살아가는 현대인이 읽고 감동할 수 있는 시집이다.

이 시집이 두고두고 독자에게 사랑받기를 기원하며 첫 시집 출간을 진심으로 축하한다.

# 이쯤에 와서

초판 인쇄    2024년 12월 2일
초판 발행    2024년 12월 6일

**지은이** 안종만
**발행인** 임수홍
**편 집** 맹신형

**발행처** 도서출판 국보
**주 소** 서울 강동구 양재대로 114길 32 2층
**전 화** 02-476-2757~8    FAX 02-475-2759
**카 페** http://cafe.daum.net/lsh19577
**E-mail** kbmh11@hanmail.net

**값** 15,000원

ISBN  979-11-89214-87-6

· 저자와의 협약에 의해 인지는 생략합니다.
· 이 시집의 글은 저작권법에 따라 보호를 받는 저작물이므로 저자와 출판사의 동의 없이는 무단 전재 및 무단 복제를 금합니다.

· 잘못된 책은 바꾸어드립니다.